Gewohnheiten ändern

Cosima Sieger

„Ich helfe Menschen, stark, gelassen und glücklich zu werden und dafür ins TUN zu kommen!"

Cosima Sieger

GEWOHNHEITEN ÄNDERN: DER TRICK!

Wie es endlich funktioniert und ganz leicht wird

Mit 30 Tage Praxisprogramm

Cosima Sieger

Inhalt

Wie Ihre Gewohnheiten Ihr Schicksal bestimmen

Gewohnheiten sind Handlungen, die wir immer wieder ausführen oder aber auch Gedanken, die wir immer wieder denken. Manche Gewohnheiten haben sich über die Jahre in unser Leben eingeschlichen, ohne dass wir es bemerkt haben, andere haben wir bewusst in unseren Alltag aufgenommen.

Wir können unsere Gewohnheiten unterscheiden in schlechte Gewohnheiten und Erfolgsgewohnheiten.

Schlechte Gewohnheiten sind Gewohnheiten, die uns schaden, und die uns von unseren Wünschen und Zielen entfernen, wie zum Beispiel die abendliche Packung Chips, die uns immer weiter von unserer Traumfigur wegbringt, oder das negative gedankliche Kreisen um unsere Schwächen ohne Lösungsansatz, das unser Selbstbewusstsein immer weiter schmälert.

Erfolgsgewohnheiten hingegen sind Gewohnheiten, die uns gut tun und näher zu unseren Zielen und Wünschen bringen, zum Beispiel der tägliche kurze Spaziergang, der unsere Rückenschmerzen mit der Zeit verschwinden lässt oder die wöchentliche Qualitätszeit mit unserem Partner, die unsere Beziehung nach und nach immer noch ein Stück tiefer und vertrauter werden lässt.

Durch die stetige Wiederholung bewirkt jede Gewohnheit mit der Zeit eine Veränderung in unserem Leben – sei sie positiv oder negativ - und formt so schließlich unser Schicksal.

Gewohnheiten sind deshalb überaus mächtig und sie werden häufig unterschätzt, denn sie wirken nicht sofort, sondern über die Zeit.

Merken Sie sich daher:

Ihre Gewohnheiten in Ihrem Handeln und in Ihrem Denken bestimmen, wie früher oder später Ihr Leben aussieht.

Und Ihr jetziges Leben ist das Resultat Ihrer bisherigen Gewohnheiten.

Diese Tatsache können wir wunderbar für uns nutzen. Denn genau aus diesem Grund sind Gewohnheiten auch ein ausgesprochen mächtiges Mittel, um unsere Ziele zu erreichen!

Mit den richtigen Gewohnheiten erreichen wir auch sehr hoch gesteckte Ziele mit deutlich höherer Wahrscheinlichkeit, als mit bloßer Willenskraft. Warum das so ist und wie Sie dieses Wissen für sich nutzen können, erfahren Sie später.

Es ist also sehr wichtig, dass wir uns unserer Gewohnheiten bewusst sind, dass wir unsere guten und schlechten Gewohnheiten und deren Auswirkungen auf unser Leben kennen und dass wir unsere Gewohnheiten selbst steuern und so verändern, dass wir schon bald das Leben leben, das wir uns wünschen.

Ganz entscheidend ist dabei ein Punkt, der in nahezu allen Büchern und Workshops zum Thema Gewohnheiten ändern vergessen wird – und der deshalb in diesem Buch eine zentrale Rolle spielen wird:

Wir formen unser Schicksal nicht nur mit unseren Gewohnheiten im Handeln, also zum Beispiel unserer Gewohnheit, zu lange zu schlafen, uns zu wenig zu bewegen – oder aber auch, früh aufzustehen und täglich Sport zu machen.

Wir formen es auch mit unseren Denkgewohnheiten, also den Gedanken, die wir tagtäglich denken, zum Beispiel dem Gedanken, dass alle Menschen um uns herum langweilig oder egoistisch sind, dass wir ja doch nichts richtig machen können und ja doch nichts wert sind – oder aber dem Gedanken, dass es unter fast acht Milliarden Menschen noch viele großartige Menschen gibt, die ich noch nicht kennengelernt habe, dass mein Projekt ein voller Erfolg wird und dass ich ein wundervoller Mensch bin.

Wir denken in einer enormen Geschwindigkeit und in aller Regel denken wir immer wieder das gleiche. Wir haben über die Jahre bestimmte Denkgewohnheiten aufgebaut, die wir gar nicht bemerken und die uns zu bestimmten Ergebnissen in unserem Leben führen.

Und genau deshalb müssen wir besonders achtsam für unsere eigenen Gedanken werden, wenn wir ein Ziel erreichen wollen. Wir müssen herausfinden und enttarnen, was für Denkgewohnheiten wir in Bezug auf unser Ziel entwickelt haben, welche Gedanken uns dazu immer wieder durch den Kopf gehen.

Denn so, wie wir immer wieder denken, werden wir die Welt sehen und uns fühlen. So wie wir die Welt sehen und uns fühlen, werden wir auf das, was um uns geschieht, reagieren. Und entsprechend wird auch das Leben auf uns zurück reagieren.

Unsere Gedanken rufen unsere Gefühle hervor. Und unsere Gefühle rufen unsere Handlungen und Reaktionen hervor - oder auch unsere Blockaden und unsere Hemmungen, zu handeln. So formen unsere Gedanken mit den Jahren unser Schicksal.

Das Gute aber ist, dass Gewohnheiten dauerhaft gebrochen werden können und wir mit neuen Gewohnheiten und dem Setzen von neuen Standards unser Leben in eine neue positive Richtung führen können.

Wenn wir unsere Ziele erreichen und ein gutes Leben führen wollen, dann ist beides wichtig:

Unsere Gewohnheiten des Handelns und unsere Gewohnheiten des Denkens.

Sie finden deshalb in diesem Buch einen Leitfaden, wie Sie beide Arten von Gewohnheiten erfolgreich verändern.

Vergessen Sie Ihre Gedanken niemals, wenn Sie sich ein Ziel gesetzt haben.

Quantensprünge werden Sie in Ihrem Leben machen, wenn Sie beides – Ihr Handeln und Ihr Denken – bewusst, konstruktiv und zielführend gestalten.

Lassen Sie uns gleich beginnen!

Ich wünsche Ihnen viel Freude beim Lesen und natürlich ganz viel Erfolg bei der Umsetzung!

Ihre Cosima Sieger

TEIL I
Das Geheimnis, wie Sie JEDE Gewohnheit mühelos verändern

Was ist eigentlich eine Gewohnheit?

Wie entsteht eine Gewohnheit?

Für das Entstehen einer Gewohnheit gibt es drei wesentliche Ursachen:

Wir entwickeln eine Gewohnheit durch unsere Erziehung oder aus dem Mainstream, also aus dem, was alle anderen um uns herum gewohnheitsmäßig tun und leben und von dem wir denken „Das macht man eben so“.

Wir entwickeln eine Gewohnheit aber auch aus einer Bequemlichkeit heraus. Einfach weil wir lieber in unserer Komfortzone bleiben und den einfachen, bequemen Weg gehen. Wir wählen in vielen Situationen den angenehmsten und bequemsten Weg. Und dieser bequemste Weg wird uns so irgendwann zur Gewohnheit.

Und die dritte Ursache, warum wir Gewohnheiten entwickeln, ist, weil unser Gehirn Gewohnheiten liebt. Es muss dann nämlich nichts entscheiden, sondern spielt Handlungen automatisiert und routinemäßig ab, sobald der dazu passende Anlass oder Auslöser da ist.

Das bringt für unser Gehirn eine enorme Einsparung von Mühe und Energie mit sich. Und unser Gehirn ist in seinem

Funktionieren, so wie auch unser gesamter Körper, auf das Einsparen von Energie ausgerichtet. Dass wir nicht jedes Mal, wenn wir uns in einer bestimmten Situation befinden, eine neue Entscheidung treffen müssen, sondern uns einfach unseren Gewohnheiten entsprechend verhalten und handeln können, bedeutet für uns eine enorme Energieeinsparung.

Wie läuft eine Gewohnheit in uns ab?

Was passiert nun eigentlich, wenn wir einer Gewohnheit nachgehen?

Die sogenannte Gewohnheitsschleife besteht aus drei Elementen:

Sie braucht einen Auslöser, also einen Trigger. Das kann zum Beispiel der Fernsehknopf sein, wenn wir uns abends auf dem Sofa niederlassen. Sobald wir ihn bedienen, um den Fernseher einzuschalten, greifen wir automatisch zur Tüte Chips. Das gehört für uns einfach zusammen.

Sie braucht eine Routine, also das regelmäßige Wiederholen unserer Gewohnheit, sodass uns dieses Handeln vertraut und bequem erscheint.

Und sie braucht eine Belohnung, also zum Beispiel das wohlige Gefühl der fettreichen, salzigen Nahrung auf unserer Zunge oder dem herrlichen Gefühl, morgens einfach noch eine Stunde im warmen Bett liegen zu bleiben, anstatt mit dem Wecker aufzustehen.

Jede Gewohnheit spendet Ihnen eine Belohnung, ob Sie sich dessen bewusst sind oder nicht. Das gilt auch für Ihre schlechten Gewohnheiten.

Und genau diese Belohnung ist ein wesentlicher Grund, warum es uns so schwerfällt, unsere Gewohnheiten zu durchbrechen.

Warum Sie mit Willenskraft und Disziplin allein Ihre Gewohnheiten nicht dauerhaft verändern können und wie Sie es stattdessen schaffen

Lassen Sie uns noch einmal über das Erreichen von Zielen sprechen, denn letztendlich stellt alles, was Sie in Ihrem Leben verändern möchten (auch das Verändern von Gewohnheiten), ein Ziel für Sie dar.

Um ein Ziel zu erreichen, haben wir grundsätzlich zwei Möglichkeiten:

Wir können es mit unserer Willenskraft erreichen und mit ihrer Hilfe die nötige Kraft aufbringen, um uns bis zum Ziel zu „pushen" (Push-Power)

Oder unser Ziel kann uns so wichtig (unsere Motivation also so hoch) sein, dass wir ganz von selbst alles tun, was nötig ist, um es zu erreichen. Unser Ziel zieht uns dann so sehr an, dass wir durch diese Anziehungskraft aktiv werden. (Pull-Power)

Eine starke intrinsische – also von innen kommende - Motivation haben wir entweder dann, wenn wir unser Ziel unbedingt erreichen wollen, weil wir uns etwas Großartiges davon versprechen. Oder aber dann, wenn wir fürchten, dass etwas Schlimmes eintritt, wenn wir dieses Ziel nicht erreichen.

Welche Rolle spielen nun unsere Motivation und unsere Willenskraft für das Verändern unserer Gewohnheiten?

Unsere **Motivation** ist der Treiber, um ins Handeln zu kommen und eine Veränderung vorzunehmen. Sie ist unser Motor, der uns die Kraft und Energie gibt, die gewünschte Veränderung vorzunehmen.

Unsere **Willenskraft** ist das Instrument, um an unser Ziel zu kommen. Sie ist unsere Fähigkeit, Wünsche und Ziele in Resultate umzusetzen. Zum Beispiel, indem wir unsere Aufmerksamkeit konsequent auf unser Ziel gerichtet halten, unser Handeln in Richtung unseres Ziels von unserer aktuellen Stimmung unabhängig machen und daran glauben, dass wir unser Ziel erreichen werden.

Wenn wir versuchen, unsere Ziele – zum Beispiel eine bestimmte Gewohnheit zu verändern - allein mit Willenskraft zu erreichen, dann müssen wir scheitern, weil uns der Antreiber, der Motor, die treibende Kraft dafür fehlt.

Wir brauchen als erstes einen starken Treiber – eine wirklich starke Motivation – um anschließend mit Willenskraft und Disziplin unser Vorhaben umsetzen zu können.

Je stärker unsere Motivation ist, desto mehr treibt sie uns an und desto mehr Kraft und Energie schenkt sie uns für die Umsetzung unseres Vorhabens.

Wenn wir bei unserem Vorhaben vor der Zielerreichung scheitern, dann deshalb, weil unsere Motivation nicht hoch

Ein ***Muss-Ziel*** ist ein Ziel, dass so wichtig für Sie ist, für das Ihre Motivation also so hoch ist, dass Sie es erreichen **müssen**, etwas, für das Sie keine Alternative sehen.

Ein Muss-Ziel wird – anders als ein Soll-Ziel - zu einem Teil Ihrer Identität.

Die Unterscheidung zwischen *Soll-Zielen* und *Muss-Zielen* gilt ebenso für unsere Ziele selbst, wie auch für unsere Vorsätze, alte negative Gewohnheiten aufzugeben oder uns neue positive Gewohnheiten anzueignen.

Wenn wir damit Erfolg haben wollen, dann müssen wir unsere Motivation so weit aufbauen, dass aus einem *Soll-Ziel* ein *Muss-Ziel* wird.

Lassen Sie uns dazu zwei Beispiele betrachten:

Stellen Sie sich vor, Sie haben häufig Sodbrennen aufgrund von verschiedenen Nahrungsmittelunverträglichkeiten.

Sie wissen, dass das für Magen und Speiseröhre gefährlich ist und dass Sie auf den Genuss dieser Lebensmittel verzichten sollten. Und Sie nehmen es sich auch immer wieder vor.

Aber nach einiger Zeit werden Sie doch wieder schwach. Ihr Ziel, das Sodbrennen zu vermeiden ist noch ein *Soll-Ziel*.

Stellen Sie sich nun weiter vor, bei einer ärztlichen Untersuchung werden zahlreiche weiße Bläschen auf Ihrer Speiseröhre als Folge Ihres Sodbrennens entdeckt – eine Vorstufe von Krebs, die höchste Alarmstufe.

Sie wissen, wenn Sie jetzt nicht Ihre Gewohnheiten ändern, werden Sie mit Ihrer Gesundheit, vielleicht sogar mit Ihrem Leben dafür bezahlen.

Ihre Motivation ist von einem Moment auf den anderen massiv gestiegen und Ihr Ziel (das Vermeiden von Sodbrennen) ist von einem *Soll-Ziel* zu einem absoluten *Muss-Ziel* geworden.

Die Sache ist jetzt für Sie so wichtig geworden, dass Sie ab diesem Tag nie wieder eines der verbotenen Lebensmittel essen - und es fällt Ihnen nicht einmal mehr schwer.

Ein anderes Beispiel:

Sie sind unzufrieden mit Ihrer finanziellen Situation und haben sich schon lange vorgenommen, mehr Geld zu verdienen und auch immer wieder einmal einen Anlauf gestartet.

Aber Sie sind nie wirklich weit gekommen und haben weiterhin immer gerade genug Geld, um Ihre Rechnungen zu bezahlen.

Plötzlich wird Ihre Mutter schwer krank und die schulmedizinische Versorgung kann ihr nicht mehr helfen. Nur eine alternative Heilmethode verspricht noch Hoffnung, aber diese müssen Sie selbst bezahlen.

Ihre Mutter hat ebenso wenig Geld wie Sie und die Zeit drängt.

Was ist passiert?

Ihr Ziel, mehr Geld zu verdienen, ist ganz plötzlich zu einem *Muss-Ziel* geworden. Und Sie werden einen Weg finden, dieses Geld für Ihre Mutter zu verdienen!

Genau nach diesem Prinzip müssen wir vorgehen, wenn wir ein Ziel erreichen oder eine Gewohnheit verändern wollen:

Wir müssen unser Ziel zu einem *Muss-Ziel* machen und unsere Motivation so stark aufbauen, dass wir unsere Gewohnheiten ganz von selbst ändern **wollen.**

Ein *Muss-Ziel* **muss** erreicht werden – wir sehen dann keine andere Alternative mehr.

Jetzt fragen Sie sich natürlich, wie das geht: Wie machen Sie aus einem Soll-Ziel ein Muss-Ziel?

Genau das erfahren Sie jetzt.

Hier ist das Geheimnis, der entscheidende Trick, wie Sie Ihre Motivation massiv aufbauen, indem Sie Ihr *Soll-Ziel* zu einem *Muss-Ziel* machen - und dadurch Ihre Willenskraft automatisch so stark werden lassen, dass Sie ganz von selbst Ihre Gewohnheiten verändern **werden**:

Das Geheimnis, wie Sie JEDE Gewohnheit mühelos verändern

Wir werden durch **Emotionen** motiviert, aktiv zu werden, und nicht durch Gedanken oder durch Wissen!

Das ist auch der Grund, warum die Werbung stets versucht, durch entsprechende Bilder **Gefühle** im Betrachter hervorzurufen, um ihn zum Kauf zu motivieren.

Es gibt zwei Arten von Gefühlen, die uns zum Handeln motivieren: **Freude und Schmerz.**

Fast alles, was wir tun, tun wir, um entweder Freude zu erreichen oder um Schmerz zu vermeiden.

Schmerz zu vermeiden ist dabei ein wesentlich höherer Antrieb in uns als Freude zu gewinnen.

Wie rufen wir nun aber die richtigen Gefühle in uns hervor, um ganz von selbst aktiv werden zu **wollen** und zum Beispiel eine Gewohnheit verändern zu **wollen**?

Die Antwort lautet: Mit **Bildern** anstatt mit gelesenen, gedachten oder gesprochenen Worten.

Unser Gehirn denkt in Bildern und so rufen auch Bilder, Videos oder das Live-Erleben (bei dem wir eine ganze Reihe an Bildern erhalten) in uns viel stärkere Gefühle hervor, als bloßes Wissen darüber, dass eine Gewohnheit gut oder nicht gut für uns ist.

Genau das ist auch der Grund, warum auf den Zigarettenschachteln seit einiger Zeit nicht mehr nur ein Hinweis in Worten zu den Folgen des Rauchens abgedruckt ist, sondern auch ein Bild von den möglichen Konsequenzen. Diese Bilder schrecken uns um ein Vielfaches mehr ab, denn sie rufen Gefühle in uns hervor.

Sie sollten also Folgendes tun:

Wenn Sie eine **schlechte Gewohnheit ablegen** wollen, dann sehen Sie sich im Internet Bilder oder noch besser auf Youtube oder anderen Kanälen Videos zu den schlimmstmöglichen Folgen Ihrer schlechten Gewohnheit an.

Betrachten und studieren Sie das Leben von Menschen, die mit diesen Folgen leben müssen und schonen Sie sich nicht!

Googlen Sie auch gezielt im Netz nach Bildern und speichern Sie die erschreckendsten auf Ihrem PC oder Handy ab, sodass Sie sie regelmäßig betrachten müssen, um Ihre Motivation hoch zu halten.

Wenn Sie eine neue **gute Gewohnheit annehmen** wollen, dann tun Sie das Gleiche mit den positiven Folgen Ihrer angestrebten neuen Gewohnheit.

Sehen Sie sich die besten Szenarien an, die Menschen mit dieser Gewohnheit genießen können und speichern Sie die Bilder dazu auf Ihrem PC, Ihrem Handy und in Ihrem Kopf ab.

erfüllen oder uns wohlfühlen oder dem Stress und Druck in unserem Leben zu entkommen.

Es können auch unbewusste Gedanken und Überzeugungen sein, dass wir ohne unsere alte Gewohnheit nicht glücklich werden oder dass uns beim Loslassen der alten Gewohnheit sogar Gefahren oder eine unerträgliche Leere und Einsamkeit drohen – oder auch ein Druck, den wir nicht aushalten können.

Wenn wir solche Glaubenssätze (unbewusste innere Überzeugungen) in Bezug auf unsere Ziele und unsere Gewohnheiten in uns tragen, dann müssen wir diese hinderlichen Glaubenssätze zuerst ablegen und sie in förderliche Glaubenssätze verwandeln, sonst können wir keine echte Motivation aufbauen und so unsere Ziele nicht erreichen und auch unsere Gewohnheiten nicht dauerhaft verändern.

Keine Sorge, ich zeige Ihnen natürlich in diesem Buch auch noch Schritt für Schritt, wie das geht.

Sie finden dazu im Kapitel „Gewohnheiten im Denken dauerhaft verändern“ eine Anleitung, wie Sie sabotierende Glaubenssätze (innere Überzeugungen) aufdecken und dauerhaft verändern.

TEIL II
Schritt für Schritt Anleitung, wie Sie Ihre schlechten Gewohnheiten ablegen, neue Erfolgsgewohnheiten etablieren und jedes Ziel erreichen

Wie Sie bereits wissen, ist Ihr Leben das Resultat Ihrer bisherigen Gewohnheiten.

Erinnern Sie sich daran, dass alle Gewohnheiten – ob gut oder schlecht, bewusst oder unbewusst – zu bestimmten Ergebnissen in Ihrem Leben führen. Es gibt keine Gewohnheit, die keine Auswirkung auf Ihr Leben hat.

Werden Sie sich daher Ihrer Gewohnheiten bewusst. Und ersetzen Sie alte, schlechte Gewohnheiten durch neue erfolgsbringende.

Die Kraft, die Sie das durchhalten lässt, ist eine starke Motivation, die Ihr Ziel zu einem *Muss-Ziel* werden lässt.

Wenn Sie also eine Gewohnheit ändern wollen, dann stärken Sie zuerst gezielt Ihre Motivation, wie in den letzten Kapiteln beschrieben.

Neue Gewohnheiten sollten angenehm sein und gut in Ihren Alltag passen, damit Sie sie auch in stressigeren Lebensphasen ohne Mühe beibehalten können.

Zu Beginn benötigen Sie zwar noch etwas Disziplin, um an sie zu denken und sie umzusetzen, aber schon nach zwei bis drei Wochen werden neue Gewohnheiten des Handelns und des Denkens zu festen Gewohnheiten, die wir automatisch durchführen, ohne darüber nachzudenken, so wie wir uns zum Beispiel die Schuhe ausziehen, wenn wir nachhause kommen.

Wie Sie wissen, unterscheiden wir zwischen zwei Formen von Gewohnheiten:

Unseren Gewohnheiten des Handelns:

Zum Beispiel regelmäßig zum Sport zu gehen, früher schlafen zu gehen, mit dem Rauchen aufzuhören, weniger Kaffee zu trinken...

Und unseren Gewohnheiten im Denken:

Zum Beispiel uns nicht mehr so viel Sorgen zu machen, nicht mehr so negativ über andere Menschen zu denken, in Lösungen zu denken, und nicht in Problemen, uns auf unsere Stärken zu konzentrieren anstatt auf unsere Schwächen....

Diese beiden Arten von Gewohnheiten werden auf unterschiedliche Weise verändert.

Im Folgenden werden wir die beiden Formen daher getrennt betrachten und Sie erhalten für jede der Formen eine separate Schritt für Schritt Anleitung:

Gewohnheiten im Handeln dauerhaft verändern

Lassen Sie uns mit Ihren Gewohnheiten auf der Ebene des Handelns beginnen:

Sie wollen **eine schlechte Gewohnheit in Ihrem Handeln ablegen** oder **eine bestimmte neue Gewohnheit annehmen**?

Oder Sie wollen ein bestimmtes Ziel erreichen, zum Beispiel erfolgreich im Bereich Finanzen oder Beziehungen werden und **neue Erfolgsgewohnheiten annehmen, die Sie an Ihr Ziel führen?**

In diesem Fall müssen Sie zuerst herausfinden, welche Gewohnheiten Sie bei regelmäßiger Wiederholung an genau dieses Ziel bringen.

Sie müssen also Ihre persönlichen Erfolgsgewohnheiten ermitteln. Das tun Sie mit den gleich folgenden Schritten 1-2.

Und Sie müssen anschließend dafür sorgen, dass Sie Ihre neuen Erfolgsgewohnheiten auch beibehalten. Das tun Sie mit den gleich folgenden Schritten 3-4.

Schritt 1 zum Verändern von Handelsgewohnheiten

Betrachten Sie das Leben und die Gewohnheiten von Menschen, die genau das bereits erreicht haben, was Sie haben wollen.

Studieren Sie nun das Leben dieser Menschen und notieren Sie:

Was tun diese Menschen regelmäßig?

Was tun diese Menschen nicht?

Wie verhalten Sie sich?

Wie handeln sie?

Welche wiederkehrenden Handlungsmuster erkennen Sie bei diesen Menschen? Welche Gewohnheiten haben sie?

Schreiben Sie alles auf, was Ihnen auffällt.

Schritt 2 zum Verändern von Handelsgewohnheiten

Wählen Sie anschließend aus den Gewohnheiten und Handlungstendenzen dieser Menschen diejenigen aus, von denen Sie glauben, dass sie in **Ihrem** Leben den größten positiven Unterschied machen würden und Sie am schnellsten zu Ihrem Ziel bringen würden.

Machen Sie sich dabei das Patero-Prinzip zunutze.

Dieses Prinzip besagt, dass wir mit 20% des Aufwands bereits 80% eines Ergebnisses erreichen. Und dass weitere 80% Aufwand notwendig sind, um die letzten 20% des Ergebnisses zu erreichen.

Da es wichtig ist, dass Sie motiviert bleiben, um Ihr Ziel auch zu erreichen, sollten Sie möglichst schnell sehen, dass Ihre neuen Gewohnheiten Sie in großen Schritten in Richtung Ziel bringen.

Sie sollten nicht zu viel tun, sondern nur diejenigen Handlungsgewohnheiten auswählen und in Ihr eigenes Leben übernehmen, die Sie wirklich schnell und weit in Richtung Ziel voranbringen.

Vermeiden Sie, sich zu viele neue Gewohnheiten zuzumuten, so bleiben Ihre neuen Gewohnheiten überschaubar und Ihnen auch dauerhaft angenehm.

Denn wenn Sie eine neue Gewohnheit in Ihr Leben integrieren, dann sollten Sie sie auch langfristig beibehalten. Weniger ist hier also mehr.

Schritt 3 zum Verändern von Handelsgewohnheiten

Überlegen Sie, wie Sie diese neuen Turbo-Erfolgsgewohnheiten in Ihren Alltag integrieren und wann Sie sie am Tag oder in der Woche durchführen werden.

Planen Sie realistisch und geben Sie Ihren neuen Erfolgsgewohnheiten einen festen Platz in Ihrem Wochenkalender, der auch Priorität für Sie hat.

Wie könnte das aussehen?

Schreiben Sie es auf und tragen Sie es jetzt in Ihren Kalender ein.

Schritt 4 zum Verändern von Handelsgewohnheiten

Sorgen Sie dafür, dass Sie Ihre neuen Erfolgsgewohnheiten auch beibehalten oder dass Sie dauerhaft dabeibleiben, auf alte, schlechte Gewohnheiten zu verzichten oder sie durch neue, bessere Gewohnheiten zu ersetzen.

Bauen Sie dafür Ihre Motivation auf, so wie im letzten Kapitel beschrieben, indem Sie Ihr Ziel zu einem Muss-Ziel machen.

Und arbeiten Sie zusätzlich mit der Anleitung im folgenden Kapitel, wie Sie hinderliche Glaubenssätze ablegen.

Sie können sich damit von hemmenden Glaubenssätzen befreien, die Sie bislang womöglich heimlich am Verändern Ihrer Gewohnheiten hindern.

Gewohnheiten im Denken dauerhaft verändern

> *Achte auf Deine Gedanken, denn sie werden Worte.*
> *Achte auf Deine Worte, denn sie werden Handlungen.*
> *Achte auf Deine Handlungen, denn sie werden Gewohnheiten.*
> *Achte auf Deine Gewohnheiten, denn sie werden Dein Charakter.*
> *Achte auf Deinen Charakter, denn er wird Dein Schicksal.*
>
> Aus dem Talmud

Unsere Art zu denken bestimmt über die Jahre tatsächlich nicht nur unsere Lebensqualität, sondern auch unser gesamtes Leben.

Achten Sie daher auf Ihre Gedanken und gewöhnen Sie sich hinderliche (destruktive) Gedanken ab und förderliche (konstruktive) Gedanken an.

Wir unterscheiden zwischen zwei Ebenen des Denkens.

Auf der einen Ebene spielen sich unsere **bewussten Gedanken** ab als Reaktion auf das, was um uns herum ist. Es sind unsere **Bewertungen von dem, was JETZT gerade um uns herum geschieht.**

Diese Gedanken können hinderlich für unser Glück sein (ach, schon wieder habe ich einen Fehler gemacht und mich blamiert, bestimmt will mir keiner bei meinem neuen

Vorhaben helfen, diese neuen politischen Entwicklungen sind eine Katastrophe).

Oder sie können förderlich für unser Glück und unser Wohlbefinden sein (der neue Kollege ist aber nett, das habe ich gut gemacht, das wird schon alles nicht so schlimm werden)

Auf der zweiten, tiefergelegenen Ebene des Denkens liegen unsere **Glaubenssätze**. Das sind (meist unbewusste) tiefe innere Überzeugungen darüber, wie wir selbst, andere Menschen, die Welt und das Leben sind. Und zwar nicht auf die aktuelle Situation bezogen, sondern ganz allgemein und generell.

Auch sie können für unser Glück hinderlich sein (ach, ich kann ja doch nichts richtig machen, jeder denkt doch nur an seinen eigenen Vorteil, die Welt wird bald kein schöner Ort mehr sein).

Oder sie können förderlich sein (ich finde mich eigentlich genau richtig so, wie ich bin, die meisten Menschen finde ich total sympathisch, ich liebe unsere Natur und die Jahreszeiten, diese Welt ist ein so aufregender und schöner Ort).

Auf beiden Ebenen des Denkens bilden wir über die Dauer unseres Lebens Gewohnheiten aus und denken dieselben oder ähnliche Gedanken immer wieder.

Unsere bewussten Gedanken und Bewertungen entspringen unseren tieferen inneren Überzeugungen.

Und unsere tieferen inneren Überzeugungen entspringen unseren früheren Erfahrungen oder dem, was wir bei anderen Menschen beobachtet oder von unserem Umfeld übernommen haben.

Wir denken und bewerten so, wie wir auch die letzten Jahre und Jahrzehnte gedacht und bewertet haben – bis wir unsere Gewohnheit durchbrechen! Und das ist möglich!

Wir können unsere Denkmuster (also unsere Denkgewohnheiten) auf der Ebene unserer bewussten Bewertungen und auch auf der tieferen Ebene unserer inneren Überzeugungen durchbrechen und dauerhaft verändern.

Wir können unsere hinderlichen Denkmuster ablegen und uns neue, förderliche Denkmuster angewöhnen, mit denen wir viel glücklicher und zufriedener leben.

Wie das geht, erfahren Sie in diesem Kapitel.

Zuerst möchte ich Ihnen aber noch einmal den Zusammenhang zwischen den beiden Ebenen unseres Denkens verdeutlichen. Diesen Zusammenhang müssen Sie verstehen und sich gut einprägen, wenn Sie erfolgreich Ihre Denkmuster verändern wollen:

Es ist wichtig für Sie zu wissen, dass unsere bewussten Gedanken und Bewertungen aktueller Situationen, Gegebenheiten und Ereignisse immer unseren tieferen Überzeugungen, also unseren Glaubenssätzen entspringen.

Unsere bewussten Gedanken sind eine Folge unserer inneren Überzeugungen (unserer Glaubenssätze).

Wenn wir also hinderliche, negative Glaubenssätze über die Welt und uns selbst in uns tragen, dann werden wir auch aktuelle Situationen negativ und für unser Glück hinderlich bewerten.

Wenn Sie Ihre Denkmuster verändern wollen, dann müssen Sie daher immer auf beiden Ebenen ansetzen und auf beiden Ebenen Ihre (Denk)Gewohnheiten verändern.

Wenn Sie Ihre tieferliegenden inneren Überzeugungen vernachlässigen, werden Sie auch negative Denkmuster auf der bewussten Ebene nicht verändern können.

Lassen Sie uns daher nun in die Praxis starten und uns ansehen, wie Sie Ihre Denkgewohnheiten auf beiden Ebenen erfolgreich verändern.

Und Sie müssen einen Weg finden, diese Annehmlichkeiten auf andere Weise zu erlangen – auch ohne Ihre Gewohnheit.

Solange Sie diesen Schritt nicht gemeistert haben, werden Sie Ihre alte Gewohnheit nicht dauerhaft ablegen können, denn Ihre Motivation ist zu gering und sobald Ihre Willenskraft nachlässt, geben Sie auf.

Um es noch einmal zu wiederholen:

Solange uns unsere innere Überzeugung sagt, dass die Nachteile, wenn wir unsere Gewohnheit ändern oder ein Ziel erreichen, größer sind als die Vorteile, werden wir unsere Gewohnheit nicht ändern können und unseren Erfolg unbewusst immer wieder selbst sabotieren.

Wir müssen also zunächst unsere sabotierenden Glaubenssätze ausfindig machen und sie dann verändern.

Dazu müssen wir uns fragen:

Habe ich bestimmte Annehmlichkeiten, solange ich mein Ziel noch nicht erreicht habe, oder solange ich eine neue, gute Gewohnheit noch **nicht** lebe?

Welche sind das?

Welche Vorteile bringt mir meine alte, schlechte Gewohnheit?

Tun Sie das doch gleich einmal für die Gewohnheit, die Sie aktuell verändern wollen und entlarven Sie auf diese Weise Ihre unbewussten Glaubenssätze.

Im nächsten Schritt müssen wir solche Glaubenssätze verändern.

Dazu ist es hilfreich zu wissen, wo unsere Glaubenssätze eigentlich herkommen.

Unsere Glaubenssätze (also unsere tiefsten inneren Überzeugungen über uns selbst, die Welt und das Leben) sind durch bestimmte Erfahrungen in uns entstanden, die wir entweder selbst gemacht oder bei anderen beobachtet und übernommen haben.

Sie lassen sich nicht durch bloßes „positives Denken“ ändern.

Wir können Glaubenssätze auch nicht wegdenken, ignorieren oder uns von ihnen frei machen.

Wir können sie aber durch neue, positive Glaubenssätze ersetzen.

Wenn Sie zum Beispiel davon überzeugt sind, dass reiche Menschen keine erfüllenden Beziehungen haben, weil Sie das in der Vergangenheit beobachtet haben oder Ihnen das von Anderen immer wieder gesagt wurde, und das zu einer tiefen Überzeugung in Ihnen wurde, dann wird es Ihnen nichts nutzen, sich täglich 10 Mal selbst zu sagen, Reiche können schöne Beziehungen und Liebe in ihrem Leben haben.

Ihr Verstand wird Ihnen das nicht glauben, denn er hat bereits genügend Gegenbeweise gesammelt. Und unser Verstand braucht Beweise, um etwas glauben zu können.

Was Sie also stattdessen tun müssen, ist, andere, positive **Beweise** zu sammeln!

Beweise dafür, dass die Vorteile, wenn Sie Ihre Gewohnheit verändern, größer sind als die Nachteile.

Ja, Beweise dafür, dass Sie glücklich werden, wenn Sie Ihre Gewohnheit verändern oder Ihr Ziel erreichen! Und zwar nur dann...

Nur solche neuen „Beweise“ werden Ihre Überzeugungen dauerhaft ändern und die alten Überzeugungen ersetzen können.

Beginnen Sie also im oben genannten Beispiel damit, sich das Leben von reichen Menschen genauer anzusehen, lesen Sie Biographien oder sehen Sie sich Interviews mit ihnen an und sammeln Sie Beweise dafür, dass es möglich ist, reich zu sein **und** tiefe, echte Liebe zu leben.

Ebenso können Sie mit den sabotierenden Glaubenssätzen über Ihre Gewohnheiten vorgehen.

Sammeln Sie Argumente und Gründe (Beweise) dafür, dass die befürchteten Nachteile einer neuen guten Gewohnheit und die Nachteile, wenn Sie eine schlechte Gewohnheit aufgeben, gar nicht unbedingt eintreffen müssen.

Und suchen Sie Wege, wie Sie die Vorteile Ihrer schlechten Gewohnheit und die Vorteile des Nicht-lebens einer guten Gewohnheit auf anderem Wege erhalten können.

Finden Sie also Wege, wie Sie sich die so geliebte Belohnung Ihrer alten, schlechten Gewohnheit auf anderem Wege holen.

Schreiben Sie all Ihre neuen Beweise (Ihre Argumente, Gründe und neue Lösungsideen) auf!

So bleiben unsere neuen Gedanken uns besser im Gedächtnis und können sich schneller und tiefer in unserem Kopf verankern. Denn Geschriebenes bleibt uns besser im Gedächtnis als Gedachtes....

Nehmen Sie sich auf diese Weise diejenigen Ihrer Glaubenssätze vor, die Sie am stärksten davon abhalten, Ihr Ziel zu erreichen oder Ihre Gewohnheit zu ändern.

Betrachten Sie dafür die Gewohnheit, die Sie verändern oder neu annehmen wollen oder das Ziel, das Sie erreichen wollen und stellen sich die oben genannten Fragen.

Wenn Sie sich selbst immer wieder bei negativen Denkspiralen oder bei zu negativen Bewertungen von Menschen oder aktuellen Situationen und Ereignissen ertappen und das ändern wollen, dann fragen Sie sich, welche tiefere Überzeugung in Ihnen dahintersteckt:

Was denken Sie ganz allgemein über diese Menschen oder Menschen im allgemeinen? Oder über diese Lebensbereiche und Teile der Welt? Oder über sich selbst?

Seien Sie schonungslos ehrlich und schreiben Sie sich Ihre Antworten auf.

So verändern Sie Ihre bewussten Denkmuster und Ihre Bewertung dessen, was um Sie herum geschieht

Wenn wir unsere negativen tieferliegenden Überzeugungen von bestimmten Dingen oder Lebensbereichen verändert haben, dann wird es sehr einfach, im nächsten Schritt auch unsere Denkgewohnheiten und Bewertungen auf der Ebene des bewussten Denkens zu verändern.

Auf den folgenden Seiten lernen Sie die zwei Schritte kennen, mit denen Sie Ihre Denkgewohnheiten auf der bewussten Ebene erfolgreich verändern können und mit denen Sie lernen, so zu denken, wie die Menschen, die erfolgreich und glücklich leben und all das haben, was Sie sich wünschen.

Schritt 1 zum Verändern von Denkgewohnheiten

Es ist schwerer, an erfolgreichen Menschen deren Denken zu beobachten, als deren Handeln.

Wir müssen verstehen, welche Denkmuster uns welche Ergebnisse bringen und uns mit den Themen, in denen wir zufriedener oder erfolgreicher werden wollen, näher beschäftigen.

Wenn wir lernen wollen, uns selbst zu lieben, müssen wir verstehen, welche Denkgewohnheiten uns bisher davon abgehalten haben und welche uns dorthin führen.

Das gleiche gilt auch, wenn wir gelassener oder selbstbewusster werden oder ein anderes Ziel auf der Ebene unserer Gedanken und unserer inneren Einstellung erreichen wollen.

Beschäftigen Sie sich also damit, welche Denkmuster dazu geführt haben, dass bei Ihnen bestimmte Erfolge ausgeblieben sind, und welche Denkgewohnheiten und Sichtweisen förderlich für Ihr Ziel sind.

Dafür brauchen Sie Vorbilder!

Wenn Sie nicht die Möglichkeit haben, sich mit Menschen auszutauschen, die in diesem Bereich erfolgreich sind, so lesen Sie Bücher über die Themen, in denen Sie Erfolge verzeichnen wollen.

Wichtig ist dabei, dass Sie in diesen Büchern nicht oberflächliche Sofort-Techniken lernen, sondern erfahren, welche innere Haltung, also welche **Denkgewohnheiten** für Ihren Erfolg in diesem Bereich entscheidend sind.

Wenn Sie keine passenden Vorbilder in Ihrem persönlichen Umfeld haben, dann sehen Sie sich später gerne die Übersicht meiner anderen Ratgeber am Ende des Buches an.

In meinen Ratgebern erfahren Sie, welche **Denkgewohnheiten** Sie in Bereichen wie zum Beispiel Selbstliebe, Selbstbewusstsein, Selbstvertrauen, Ausstrahlung, Gelassenheit, Urvertrauen und vielen anderen Themen zum Erfolg führen und welche Denkgewohnheiten Sie vom Erfolg abhalten.

Sie können sich gezielt das passende Buch zu dem Thema heraussuchen, das Sie momentan verbessern und zu dem Sie Ihre Denkmuster verändern wollen.

Ganz gleich, ob Sie von persönlichen Vorbildern lernen oder aus Büchern:

Schreiben Sie sich auf, wie Sie Situationen und Ereignisse bewerten sollten, um sich wohl zu fühlen, erfolgreich und glücklich zu sein – oder um Ihren Frust in bestimmten Lebensbereichen in tiefe Zufriedenheit zu verwandeln.

Schreiben Sie auf, welche Gedanken Sie immer wieder und möglichst oft denken sollten und welche nicht mehr so häufig.

Und notieren Sie, von welchen negativen Denkmustern Sie sich verabschieden und welche neuen, förderlichen

Denkmuster Sie stattdessen in Ihrem Kopf verankern sollten.

Schritt 2 zum Verändern von Denkgewohnheiten

Denken Sie Ihre neuen, förderlichen Gedanken so oft wie nur möglich! Und zwar mit System!

Unser Denken findet viel schneller und in viel häufigeren Wiederholungen statt als unser Handeln.

Wenn wir schlechte Gewohnheiten in unserem Denkmuster haben - wenn wir uns zum Beispiel häufig als Opfer wahrnehmen, anderen Menschen die Schuld an unseren Problemen geben, uns selbst klein oder minderwertig fühlen, uns selbst schlecht machen, uns mit anderen Menschen vergleichen oder uns zu viele Sorgen machen - dann denken wir diese Gedanken sehr viele Male am Tag, manchmal sogar mehrmals in der Minute oder gar ständig.

Wenn wir solche Gewohnheiten ändern wollen, dann müssen wir diese ständigen Gedanken durch neue, förderlichere ständige Gedanken ersetzen.

Es reicht hier deshalb nicht, einmal in der Woche unsere neuen Gedanken zu denken, sondern wir müssen uns gerade in der ersten Zeit sehr viel häufiger mit ihnen befassen.

Das klingt zunächst einmal sehr mühsam, aber keine Sorge:

Erstens reicht es vollkommen aus, uns immer nur wenige Sekunden lang mit unseren neuen Gedanken zu beschäftigen, und zweitens müssen wir das auch nur für ein paar Wochen bewusst tun.

Denn nach zwei bis drei Wochen (manchmal auch schon früher) wird unser neues Denken automatisch zu einer Gewohnheit, über die wir nicht mehr nachdenken müssen.

Unsere alten schädlichen Gedanken sind dann von unseren neuen erfolgbringenden Gedanken vertrieben worden und wir steuern ganz automatisch mit unserem neuen Denken auf ein erfolgreiches Leben zu.

Unser neues Erfolgsdenken wird dann Teil unserer Identität und unserer Weltanschauung.

Grundsatz 2: Regelmäßigkeit der Veränderungsübung

Führen Sie jede Gewohnheit täglich durch. Nicht einmal pro Woche, nicht mehrmals pro Woche, sondern täglich.

Wenn Sie Ihre Gedanken und Ihre innere Einstellung ändern wollen, müssen Sie Ihr neues Denken täglich trainieren. Am besten mehrfach oder immer wieder.

Überfordern Sie sich nicht, aber denken Sie daran: Der Schlüssel zum Erfolg ist die Regelmäßigkeit.

Belassen Sie es daher bei einigen wenigen Wiederholungen pro Tag für jeweils einige Sekunden, aber bleiben Sie damit konsequent.

Wie Sie es schaffen, mehrmals am Tag daran zu denken, erfahren Sie im dritten Grundsatz:

Grundsatz 3: Verknüpfung der Veränderungsübung

Verknüpfen Sie jede neue Gewohnheit mit einer bereits bestehenden Gewohnheit in Ihrem Alltag.

Eine der größten Herausforderungen bei dem Einführen neuer Gewohnheiten ist es, regelmäßig im hektischen Alltag an sie zu denken.

Führen Sie daher jede Ihrer neuen Gewohnheiten täglich zur gleichen Zeit durch, so werden Sie sie nicht vergessen.

Damit ist nicht unbedingt eine feste Uhrzeit gemeint, sondern eine bestimmte, bereits bestehende, Gewohnheit in Ihrem Tagesablauf, mit der Sie Ihre neue Gewohnheit verknüpfen.

Sie können zum Beispiel Ihr neues Denken immer beim morgendlichen Zähneputzen oder unter der Dusche üben. Oder an der ersten roten Ampel auf dem Weg zur Arbeit.

Wählen Sie Zeitpunkte aus, die Ihnen bequem sind und die vor allem auch jeden Tag, und nicht nur manchmal, für Sie passen.

Ein Vorteil beim Einüben neuer Denkgewohnheiten ist, dass wir das gut während anderer täglicher Tätigkeiten tun können, für die wir keine Aufmerksamkeit benötigen.

Wenn Sie die drei Grundsätze beachten, die ich Ihnen hier vorgestellt habe, werden Sie feststellen, dass Ihre neuen Rituale schon bald zu festen Gewohnheiten werden, über die Sie nicht mehr nachzudenken brauchen.

So wird Ihnen die Umsetzung sehr leichtfallen, auch wenn Sie nur wenig Zeit haben.

Und Sie werden merken, wie Ihr neues Denken bereits nach kurzer Zeit Ihr gesamtes Leben verändern wird.

TEIL III
6 einfache Erfolgsgewohnheiten für ein großartiges Leben

In diesem Buchteil stelle ich Ihnen sechs besonders einfache Erfolgsgewohnheiten vor, die Ihr Leben bei täglicher Wiederholung mit nur wenig Aufwand grundlegend verbessern und Sie auf allen Ebenen erfolgreich werden lassen.

Diese Gewohnheiten erscheinen beim Lesen oft im ersten Moment zu einfach, ja fast zu trivial, als dass wir uns vorstellen können, dass sie wirklich eine große Wirkung auf unser Leben haben können.

Und sie sind ganz bewusst besonders einfach gestaltet, damit Sie damit sofort loslegen und Erfolge erzielen können, ganz gleich, an welchem Punkt Sie in Ihrer persönlichen Entwicklung gerade stehen.

Lassen Sie sich jedoch nicht täuschen:

In der Einfachheit liegt die Macht!

Diese sechs Gewohnheiten haben – obwohl sie so simpel erscheinen – eine besonders hohe Wirksamkeit, die man erst erkennt, wenn man sie eine Weile durchgeführt hat und die erstaunlichen positiven Resultate im eigenen Leben sieht.

Sie machen mit dem geringsten Aufwand einen besonders großen Unterschied in Ihrem Leben aus und stellen damit einen einfachen Weg für ein erfolgreiches Leben dar – vorausgesetzt, Sie setzen sie regelmäßig um!

Denn damit steht und fällt natürlich jeder Erfolg: Mit der Frage, ob Sie genügend Motivation haben, um dran zu bleiben, oder ob Sie die neue Gewohnheit nach kurzer Zeit wieder aufgeben.

Probieren Sie die nun folgenden Erfolgsgewohnheiten einfach einmal aus und bleiben Sie eine Weile dabei. Sie werden den Unterschied in Ihrem Leben schon bald sehr deutlich erkennen.

Auch wenn Sie in Ihrer persönlichen Entwicklung schon sehr weit sind und wenn Sie bereits sehr bewusst leben, werden Sie mit diesen neuen Gewohnheiten einen weiteren großen Sprung nach vorne machen.

Das verspreche ich Ihnen!

Die Nr. 1 Gewohnheit für ein starkes Selbstbewusstsein

Wenn Sie mit nur einer einzigen neuen Gewohnheit Ihr Selbstvertrauen mühelos aufbauen und Ihr Selbstbewusstsein stärken können, dann ist es diese:

Schreiben Sie jeden Tag drei Erfolge auf, die Ihnen gelungen sind.

Keine Sorge, hiermit sind sowohl die großen, als auch die kleinen und ganz kleinen Erfolge gemeint. Alles, was Sie den lieben langen Tag so erzielen und es gar nicht merken.

Vielleicht haben Sie endlich Ihre Fenster geputzt, einen Menschen zum Lachen gebracht, ein Lob von Ihrem Chef erhalten, eine Lösung für ein Problem gefunden, Ihr Auto gewaschen, mit Ihren Kindern einen schönen Nachmittag erlebt, mit Ihrem Partner ein gutes Gespräch gehabt oder sind in der Konferenz im Büro souverän aufgetreten und haben sich gut mit den Projektpartnern verstanden.

Es gibt unzählige Erfolge auf allen Ebenen des Lebens. Lernen Sie, sie wieder wahrzunehmen!

Viele Menschen haben die Angewohnheit, Dinge, die sie gut gemacht haben, gar nicht zu bemerken, weil sie ihren Fokus auf das richten, was ihnen (noch) nicht so gut gelingt oder wo sie vermeintlich einen Fehler gemacht oder falsch reagiert haben.

Mit diesem Fokus auf das Negative konditionieren wir unseren Verstand darauf, noch mehr Negatives an uns wahrzunehmen.

Und je mehr negative Dinge wir wahrnehmen, desto unsicherer werden wir.

Wir schmälern mit diesem negativen Fokus also unser Selbstbewusstsein selbst immer weiter.

Aber wir können diesen Mechanismus ganz einfach umdrehen, und die Macht der Gewohnheiten für uns arbeiten lassen.

Alles was wir tun müssen, ist, unsere Aufmerksamkeit regelmäßig (genau genommen täglich) auf die Dinge zu richten, auf die wir stolz sein können und unseren Verstand dadurch darauf zu trainieren, im Alltag immer mehr solcher Situationen wahrzunehmen.

Ohne weiteres Zutun wird unser Selbstbewusstsein nach und nach immer stärker und immer weniger angreifbar.

Denn wir verändern dadurch unser Selbstbild, nehmen uns selbst von Tag zu Tag immer erfolgreicher wahr und beginnen nach einiger Zeit, uns auch so zu fühlen.

Und wir richten unsere Aufmerksamkeit auf unseren Erfolg. Und das, worauf wir unsere Aufmerksamkeit richten, wächst.

Legen Sie sich doch einen kleinen Notizblock auf den Nachttisch und schreiben Sie jeden Abend vor dem

Schlafengehen drei Erfolge auf, die Sie an diesem Tag erzielt haben.

Und dann warten Sie ab, was in Ihnen passiert…

Die Nr. 1 Gewohnheit für eine stabile Gesundheit

Für eine stabile Gesundheit gibt es sehr viele Dinge, die wir beachten können und die förderlich wirken und unsere Gesundheit positiv beeinflussen. Intervallfasten, Bewegung, weniger Stress und mehr Schlaf sind einige dieser Dinge.

Ich habe aus all den vielen Möglichkeiten, die wir haben, um unsere Gesundheit zu verbessern, die folgende Gewohnheit ausgewählt, weil ich persönlich damit die besten Erfahrungen für meine eigene Gesundheit machen konnte.

Die eine Gewohnheit, mit der Sie Ihre Gesundheit und Ihr Energielevel entscheidend verbessern können, ist in meinen Augen die, Ihren Säure-Basenhaushalt im Körper zu verbessern und wieder ins Gleichgewicht zu bringen.

Durch unseren modernen Lebenswandel, dem oft hohen Stresspegel, Bewegungsarmut, den hochverarbeiteten Lebensmitteln mit immer mehr chemischen Zusätzen und unserer fleisch- und getreidelastigen Ernährung (beides Säurespender), führen wir unseren Körper oft, ohne es zu merken, über die Jahre und Jahrzehnte in die Übersäuerung.

Die Folge davon sind zahlreiche kleinere und größere Zivilisationskrankheiten sowie ein ständig niedriges Energielevel oder auch Gereiztheit und Empfindlichkeit.

Moderate Bewegung, ein niedriges Stresslevel, emotionale Ausgeglichenheit und der Verzicht auf vermeidbare Medikamente und Drogen verbessern unseren Säure-Basen Haushalt bereits entscheidend.

Den wohl größten Effekt hat jedoch unsere Ernährung.

Die optimale Ernährung besteht aus 20% säurebildenden Lebensmitteln (Fleisch, Fisch, Getreide- und Milchprodukte, Kaffee, Zucker oder Alkohol) und 80% basenbildenden Lebensmitten (Gemüse, Salate, Obst, manche Nüsse).

Falls dieses Thema für Sie neu ist, informieren Sie sich einmal zum Säure-Basen-Haushalt des Menschen, warum er so wichtig ist und wie Sie ihn wieder in Balance bringen.

Mir ist natürlich bewusst, dass es im Alltag sehr schwer ist, ein Verhältnis von 80 zu 20% zwischen Basen- und Säurebildnern in der Ernährung einzuhalten.

Ich möchte Ihnen jedoch vorschlagen, sich eine Ernährung anzugewöhnen, die zumindest nur noch zu 50% aus Säurebildnern und zu 50% aus Basenbildnern besteht.

Das können Sie erzielen, indem Sie die Salat- und Gemüseportionen etwas größer und die Nudel- und Reisportionen auf Ihrem Teller etwas kleiner machen, seltener Fleisch, Gebäck, Zucker, Alkohol und Kaffee zu sich nehmen und täglich zusätzlich einen Salat und eine Portion Obst und Nüsse essen.

Sie werden wahrscheinlich nicht sofort einen Effekt auf den Körper feststellen (außer vielleicht ein höheres Energielevel), aber bedenken Sie, dass alle Zivilisationskrankheiten, die uns heute plagen, die Folge von jahrzehntelanger Fehlernährung oder einem ungünstigen Lebensstil der vergangenen Jahre und Jahrzehnte sind.

So benötigt unser Körper auch Zeit, um sich zu regenerieren und sich dauerhaft zu erholen.

Stellen Sie die Weichen rechtzeitig, bevor Sie negative Folgen eines ungesunden Lebensstils nicht mehr aufhalten können und geben Sie Ihrem Körper Zeit, über die Jahre mit einer angemessenen Ernährung wieder ganz gesund und fit zu werden.

Natürlich tun Sie Ihrem Körper noch mehr Gutes, wenn Sie zusätzlich zu Ihrer neuen Ernährung auch moderate Bewegung, zum Beispiel einen 30 minütigen Spaziergang, zu einer täglichen Gewohnheit machen.

Und wenn Sie außerdem Gelassenheit lernen und den Stress in Ihrem Leben dauerhaft reduzieren...

Die Nr. 1 Gewohnheit für erfüllende Beziehungen

Wissen Sie, mit welchem täglichen Ritual Sie alle Ihre Beziehungen dramatisch verbessern und zudem schöne neue Beziehungen aufbauen können?

Geben Sie jeden Tag einem Menschen etwas, ohne etwas zurück zu erwarten.

Das kann auch ein Lächeln sein, das zugleich einen anderen Menschen und auch uns selbst aufbaut.

Glück und Liebe ist das einzige, das sich vermehrt, wenn man es teilt.

Diese simple Gewohnheit ist sehr mächtig, wenn es darum geht, Ihre Beziehungen zu verbessern. Entscheidend dabei ist jedoch, dass Sie für das, was Sie geben, wirklich **nichts** zurück erwarten, nicht einmal ein Danke.

Dabei passiert nämlich etwas Faszinierendes:

Wir Menschen spüren sehr genau, mit welcher Absicht ein Mensch uns etwas gibt oder etwas für uns tut, auch wenn wir uns dessen nicht bewusst sind, oder es zumindest nicht benennen können.

Wenn wir spüren, dass eine Gegenleistung erwartet wird, fühlen wir uns unbewusst unter Druck oder haben ein Schuldgefühl, etwas anzunehmen.

Da hilft es auch nicht, wenn man uns versichert, dass nichts zurück erwartet wird. Denn wir spüren die echte Erwartung hinter den Worten immer.

Wenn wir jedoch spüren, dass ein Mensch uns etwas gibt, weil es ihn selbst glücklich macht und wir wirklich nichts zurückgeben müssen, dann wird dieser Mensch in unseren Augen zu etwas ganz Besonderem.

Denn Menschen, die mit dieser Absicht geben, sind sehr selten. Werden Sie zu einem solchen Menschen!

Keine Sorge, Sie müssen dafür nicht viel Zeit und auch kein Geld aufwenden. Sie müssen auch nichts Großes tun oder geben.

Denken Sie daran: steter Tropfen höhlt den Stein, nicht eine große Flutwelle.

Schenken Sie ein Lächeln, ein Kompliment, Ihre volle Aufmerksamkeit, Ihr Verständnis, schenken Sie Nachsicht, verwöhnen Sie jemanden, machen Sie ein kleines Geschenk oder überraschen Sie einen Menschen, den Sie lieben.

Geben Sie Fremden und Ihnen nahestehenden Menschen etwas, ganz wie Sie möchten.

Aber geben Sie immer nur das, was Sie wirklich geben möchten. Geben Sie, um sich glücklich zu fühlen, weil Sie in der Lage sind, einem Menschen einen Glücksmoment zu schenken. Und erwarten Sie nichts.

Sie werden feststellen, dass sich durch dieses Erfolgsritual nicht nur Ihre Beziehungen zu anderen Menschen und Ihr Selbstbewusstsein dramatisch verbessern werden, sondern Sie werden auch beobachten, dass wenn Sie wahrhaft selbstlos geben, Sie viel mehr zurück bekommen werden, als Sie gegeben haben.

Wenn ein Mensch spürt, dass wir ihm geben wollen, ohne zu erwarten, wird nach dem Reziprozitätsprinzip nämlich in ihm der Wunsch aktiviert, uns etwas zurück zu geben.

Das mag nicht sofort geschehen, aber es wird früher oder später geschehen.

Machen Sie es sich also zur Gewohnheit, jeden Tag einem Menschen etwas zu geben, ohne etwas zurück zu erwarten. Einfach, um ihm eine Freude zu machen..

Die Nr. 1 Gewohnheit für finanziellen Erfolg

Auch im Bereich Ihrer Finanzen ist Ihr aktueller Kontostand das Ergebnis Ihrer bisherigen Gewohnheiten.

Wenn Sie gewohnt sind, alles auszugeben, was Sie einnehmen (oder erben), werden Sie kein Vermögen besitzen.

Wenn Sie mehr ausgeben als Sie einnehmen, werden Sie Schulden haben.

Und wenn Sie weniger ausgeben, werden Sie Ersparnisse oder ein Vermögen aufbauen.

Es ist so simpel.

Machen Sie es sich daher zur Gewohnheit, regelmäßig zu sparen. Aber vermeiden Sie dabei die zwei großen Fehler, die die meisten Menschen schon nach kurzer Zeit zum Aufgeben bringen:

Sparen Sie nicht alles, was Sie sparen können und verzichten so darauf, zu leben.

Und sparen Sie auch nicht am Monatsende das, was übrig bleibt, denn das ist meist nicht sehr viel.

Sparen Sie stattdessen jeden Monat bereits am ersten Tag des Monats einen festen Betrag, am besten etwa 10% Ihres Nettoeinkommens, und überweisen Sie diesen Betrag per Dauerauftrag auf ein separates Konto.

Wir gewöhnen uns immer an den Betrag, den wir monatlich zur Verfügung haben und passen unseren Bedarf und unser Konsumverhalten daran an.

Das ist auch der Grund, warum wir nach einer Gehaltserhöhung oft schon nach kurzer Zeit am Monatsende ebenfalls kein Geld mehr übrig haben. Mit unserem Einkommen ist auch unser Lebensstil gewachsen.

Überweisen Sie deshalb Ihren Sparbetrag gleich am ersten Tag des Monats, sodass er gar nicht erst als verfügbares Einkommen auf Ihrem Konto erscheint. Sie gewöhnen sich so sehr schnell an den geringeren verfügbaren Betrag auf Ihrem Konto.

Ich wette, es gab Zeiten, in denen Sie schon einmal weniger Geld zur Verfügung hatten als heute, zum Beispiel während Ihrer Ausbildung oder Ihres Studiums oder zu Beginn Ihrer Berufstätigkeit.

Hand aufs Herz: War Ihre Lebensqualität damals denn wirklich so viel schlechter als heute? Oder haben Sie nicht vielmehr Mittel und Wege gefunden, um sich auch mit Ihrem kleineren Einkommen ein schönes Leben zu machen?

Sehen Sie Sparen nicht als Verzicht, sondern als Investition in Ihre Zukunft!

Und lassen Sie den gesparten Betrag auf Ihrem Konto wachsen und wachsen, sodass Sie in Zukunft von ihm profitieren können.

Denn ein größerer Betrag auf unserem Konto schenkt uns nicht nur die Möglichkeit, uns später schöne Dinge und Erlebnisse zu kaufen.

Sondern er schenkt uns auch Freiheit und Unabhängigkeit und die Möglichkeit, unser Geld gegen Zeit einzutauschen, indem wir bestimmte Arbeiten für uns erledigen lassen und in dieser Zeit unser Leben mit unseren Lieben genießen.

Die Nr. 1 Gewohnheit für tiefes Glück

Erfolg ist, zu bekommen was man will.
Glück ist, das zu genießen, was man hat.
Bodo Schäfer

***

Wir leben in einem der reichsten Länder der Erde in massivem Überfluss. Wir haben endlos viele Möglichkeiten und ein so abwechslungsreiches und bequemes Leben wie noch kaum eine Gesellschaft in der gesamten Menschheitsgeschichte – von kleinen Elitegruppen einmal abgesehen.

Wir haben alles im Überfluss.

Wir dürfen glauben, woran wir wollen und dürfen Beziehungen pflegen mit wem wir möchten.

Wir haben die Freiheit, uns aus unserer sozialen Schicht oder aus unserem Land zu lösen und an dem Ort und auf die Weise zu leben, die uns gefällt.

Aber wir sehen oft den Wald vor lauter Bäumen nicht. Haben den Bezugsrahmen, den Blick auf das große Ganze verloren und halten all das für selbstverständlich.

Glücklichsein ist jedoch nicht abhängig von äußeren Umständen, sondern es ist ein Gefühl.

Und egal was wir haben oder erreichen – es wird sich nicht einstellen, wenn wir nicht wissen, wie wir dieses Gefühl in uns aufbauen und pflegen.

Wie ruft man ein Gefühl hervor?

Indem man seine Gedanken steuert.

Wenn Sie nicht glauben, dass das möglich ist, dann machen Sie doch mit mir einmal einen ganz einfachen Test:

Angenommen, Sie haben einen neuen Arbeitskollegen, in dessen Einarbeitung Sie sehr viel Mühe, Zeit und Überstunden investiert haben. Nun haben Sie über eine dritte Person gehört, dass er Sie unmöglich findet.

Was fühlen Sie?

Stellen Sie sich nun vor, die dritte Person erzählt Ihnen, sie habe sich geirrt. Der neue Kollege findet nicht Sie unmöglich, sondern eine andere Person.

Über Sie hätte er allerdings gesagt, dass er Sie dafür bewundert, wie Sie vor den Kunden auftreten und dass er Sie heimlich zu seinem Vorbild gemacht hat.

Was fühlen Sie jetzt?

Sie sehen, unsere Gedanken haben unmittelbaren Einfluss auf unsere Gefühle.

Wir können also auch unser Gefühl von Glück im Leben wecken und stärken, indem wir die richtigen Gedanken denken und unsere Aufmerksamkeit auf die richtigen Dinge lenken.

Ein Glücksgefühl stellt sich ein, wenn wir uns der Fülle, in der wir leben, bewusst werden. Wenn wir unsere Gedanken darauf richten.

Einer der schnellsten Wege zum Glücklichsein ist der Weg der Dankbarkeit. Denn sie lässt uns diese Fülle sofort spüren und ruft in uns ein Gefühl von Glück hervor.

Der einfachste und wirksamste Weg zu einem glücklichen Leben und einem bleibenden Gefühl von Glücklichsein ist daher, Dankbarkeit in uns zu entwickeln und gezielt zu stärken.

Dafür können Sie eine ganz simple Gewohnheit einführen:

Führen Sie ein Dankbarkeitsjournal. Schreiben Sie jeden Abend vor dem Schlafengehen drei Dinge auf, für die Sie momentan dankbar sind.

Beachten Sie die großen und die kleinen Dinge und vergessen Sie auch die ganz kleinen Dinge nicht.

Vielleicht sind Sie dankbar dafür, dass Sie sich einen ganzen Korb frisches Gemüse kaufen konnten.

Vielleicht sind Sie dankbar dafür, dass Ihre alte Schulfreundin noch immer an Sie denkt und Sie regelmäßig anruft.

Vielleicht sind Sie dankbar dafür, dass Sie barfuß im frisch gemähten Gras laufen konnten oder dass Ihr Haustier Ihnen ein so treuer Begleiter ist….

Schreiben Sie es auf und holen es auf diese Weise in Ihr Bewusstsein.

Wenn Sie wissen wollen, wie Sie Dankbarkeit so einsetzen, dass Sie Ihr ganzes Leben zum Positiven verändern, dann sehen Sie sich gerne auch mein großes Praxisbuch der Dankbarkeit an.

Die Nr. 1 Gewohnheit für die erfüllende Nutzung unserer Lebenszeit

Nur zu oft haben wir uns angewöhnt, unsere freie Zeit mit Dingen aufzufüllen, die wir nicht brauchen und die uns weder bereichern, inspirieren und nach vorne bringen, noch uns echten Genuss und Freude schenken.

Wir leben auf diese Weise, weil wir es so gewöhnt sind. So schalten wir abends, wenn wir endlich alles erledigt haben, oft ganz automatisch den Fernseher an oder verbringen unsere Sonntage mit dem Stöbern im Internet oder in den sozialen Medien.

Wenn wir ein sinn- und genusserfülltes Leben führen wollen, dann ist es viel besser, unsere freie Zeit dafür zu nutzen, um unsere Sinne gezielt zu schärfen.

Als Kinder haben wir das Leben und jedes Detail darin, jedes noch so kleine Erlebnis mit allen Sinnen genossen und geradezu in uns aufgesogen.

Damals haben wir unser Genusserleben ganz automatisch maximiert, indem wir mit scharfen und offenen Sinnen gelebt haben.

Mit den Jahren haben wir unsere Sinne immer weiter abstumpfen lassen und ihnen keinen wesentlichen Raum mehr in unserem Leben gegeben.

Genuss und bewusstes, achtsames (Er)leben wurden von unseren Pflichten, Sorgen, von unserer Arbeit und jeder Menge Ablenkungen im Außen immer weiter verdrängt.

Lassen Sie uns unsere freie Zeit nutzen, um unsere Sinne zu schärfen und wieder zurück zu finden in ein Leben voller Genuss und Bewusstheit.

Diese simple Gewohnheit wird unser Leben wieder zu einem Abenteuer machen. Sie wird uns wieder staunen lassen wie die Kinder und uns die Faszination des Lebens endlich wieder erleben lassen.

Sie wird uns wieder jung und lebendig machen.

Probieren Sie es aus!

TEIL IV
Die EINE unbekannte Erfolgsgewohnheit, die Ihr Leben für immer verändern wird! (Der Game Changer)

Ein Game Changer verändert die Spielregeln für Ihr zukünftiges Leben. Und genau deshalb wird er auch Ihr Leben grundlegend verändern.

In diesem Buchteil werden wir über die einfachen sechs Erfolgsgewohnheiten, die ich Ihnen gerade vorgestellt habe, hinausgehen und uns auf eine andere Ebene begeben.

Die Gewohnheit, die Sie jetzt kennenlernen, ist ein solcher Game Changer. Sie hat es in sich.

Sie werden wirklich aus Ihrer Komfortzone heraus und sich zudem auch von Ihrem alten Selbstbild verabschieden müssen - und Sie wissen ja, Veränderung macht uns Menschen fast immer zunächst einmal Angst und weckt Zweifel.

Doch diese Erfolgsgewohnheit hat eine enorme Kraft, Ihr Leben auf allen Ebenen dramatisch positiv zu verändern, und zwar genau nach Ihren Wünschen.

Sie lässt Sie stark und zum Schöpfer Ihres Lebens werden und das Drehbuch Ihres Lebens neu schreiben, wie auch immer Sie es schreiben möchten.

Und vor allem lässt sie Sie die gewünschten Resultate in Ihrem Leben mit absoluter Verlässlichkeit erzielen. Doch dafür müssen Sie sich an den Gedanken gewöhnen, dass Sie viel mehr Macht über Ihr Leben haben, als Sie bisher dachten.

Ja, dass in Ihnen noch etwas ganz anderes steckt, als Sie bisher dachten. Sie müssen Ihren Horizont und Ihren Geist für neue Möglichkeiten öffnen.

Mit der jetzt folgenden Gewohnheit werden Sie Ihr Selbstvertrauen zum Explodieren bringen und zugleich Ihr Leben selbst zu Ihrem persönlichen Traumleben umformen.

Es gibt eine Abkürzung zu einem dauerhaft extrem starken Selbstvertrauen, zu innerer Stärke, echter Zufriedenheit und zu Ihrem persönlichen Traumleben.

Sie besteht aus drei Schritten.

Aber (und das ist der Grund, warum ich sie Ihnen erst jetzt, ganz zum Schluss, vorstelle):

Diese Abkürzung wird nur dann die gewünschte Wirkung zeigen, wenn Sie sie konsequent umsetzen, und zwar nicht manchmal, sondern immer. Und ich werde Ihnen auch gleich erklären, warum das gerade hier so wichtig ist.

Zunächst aber möchte ich Ihnen die Abkürzung zu Ihrem starken neuen **Ich** und zu Ihrem persönlichen Traumleben vorstellen.

Sie besteht aus den folgenden drei Schritten:

Schritt 1:

Legen Sie Standards für sich selbst und Ihr Leben fest.

Hier ist ganz wichtig zu verstehen, was damit genau gemeint ist.

Es bedeutet nämlich nicht, dass Sie festlegen sollen, was Sie von Ihrer Beziehung, Ihrem Partner, Ihrem Job usw. erwarten, sondern was Sie **von sich selbst** (!) erwarten!

Diese Standards sind Dinge, die **Sie** erfüllen, denen **Sie** gerecht werden, und zwar nicht manchmal, sondern **immer**.

Diese Gewohnheit nimmt **Sie** in die Verantwortung. Das ist unbequem, zwingt zu einem Perspektivwechsel, schenkt Ihnen zugleich aber eine ungeheure Macht über Ihre Umstände.

Wir alle haben bereits unbewusst bestimmte Standards für uns definiert, die wir auch erfüllen, zum Beispiel, dass wir immer pünktlich sind (wenn uns das wichtig ist) oder dass wir immer unsere Rechnungen pünktlich bezahlen oder in unserem Beruf immer ein gutes Ergebnis erzielen (dass wir z.B. immer unseren Chef zufrieden stellen).

Und wir tun ganz selbstverständlich alles, was nötig ist, um diese Standards zu erfüllen.

Oft sind unsere Standards allerdings das Ergebnis von Erwartungen **Anderer** (!) (wir glauben, wir **müssen** diese Dinge tun oder in einer bestimmten Weise erfüllen), und nicht Ergebnis unserer eigenen freien Entscheidung. Dieser Unterschied ist ganz entscheidend!

Ich möchte Sie ermutigen, selbst zu bestimmen, welche Standards Sie sich in Ihrem Leben setzen und erfüllen möchten und diese Standards heute ganz bewusst selbst zu setzen.

Dabei spielt es keine Rolle, was Andere von Ihnen erwarten, oder was man Ihrer Einschätzung nach von Ihnen erwartet oder erwarten könnte. Sondern es geht darum, was **Sie** tun und wie **Sie** sich verhalten müssen, damit **Sie** wirklich zufrieden mit sich und stolz auf sich sein können.

Genau dann, wenn **Sie** mit **sich** wirklich zufrieden sind, erhalten nämlich Ihre Selbstsicherheit und Ihr Selbstvertrauen einen massiven Aufschub und Sie versetzen sich selbst in die Lage, Ihr Leben wirklich zu verändern oder neu zu gestalten.

Fragen Sie sich deshalb ganz konkret:

Wie müssten Sie sich in Ihrer Beziehung, mit Ihren Kindern, mit Ihrem Partner oder im Umgang mit Ihren Kollegen verhalten (egal, wie sich die Anderen verhalten), um wirklich zufrieden mit **sich** zu sein?

Wie müssten Sie mit Problemen in Ihrem Alltag umgehen?

Wie müssten Sie Ihren Job erledigen?

Was für ein Zuhause müssten Sie sich und Ihrer Familie schaffen?

Wie müssten Sie Ihre Finanzen regeln?

Wie müssten Sie mit Ihrem Körper und Ihrer Gesundheit umgehen?

Wie müssten Sie sich im Alltag organisieren und mit Stress umgehen? Damit Sie wirklich stolz auf sich sein können?

Sie könnten es zum Beispiel zu Ihrem Standard machen, immer pünktlich zu sein oder geduldig mit Ihrem Partner umzugehen (auch im Streit). Oder sich selbst und Ihren Tag so gut zu organisieren, dass Sie abends immer ein offenes Ohr und Aufmerksamkeit für Ihre Kinder haben.

Oder auch, dass Sie Ihre Arbeitsergebnisse immer in einer bestimmten Qualität abliefern oder die Geschäftsführung Ihrer Firma bei der Erledigung von Sonderaufgaben immer begeistern.

Oder dass Sie **immer** erhobenen Hauptes durch Ihr Leben gehen, auch in Krisenzeiten.

Oder auch, dass Sie jeden Monat einen festen Betrag sparen, ohne Ausnahmen – für unvorhergesehene Ausgaben bilden Sie zusätzliche Rücklagen.

Ihre Standards sind Ihre Erwartungen an sich selbst.

Etwas das Sie erfüllen müssen. Und zwar nicht ab und zu, wenn die Umstände gerade günstig sind oder nichts dazwischen kommt, sondern **immer** und als grundsätzliches Prinzip.

Und Sie **müssen** das nicht, weil Andere es von Ihnen verlangen oder erwarten, sondern aus freien Stücken, weil **Sie** das **selbst** wollen.

Deshalb ist es auch wichtig, dass Sie hundertprozentig hinter Ihren eigenen Standards stehen. Setzen Sie sich niemals einen Standard, weil Sie glauben, ihn erfüllen zu müssen, sondern nur Standards, die Sie erfüllen **wollen**!

Sie werden durch neue Standards zu einem neuen Menschen. Und Sie dürfen selbst bestimmen, was für ein Mensch Sie sein möchten.

Dass Sie womöglich Ihr Leben lang Probleme hatten, bestimmte Standards zu erfüllen (vielleicht sind Sie „schon immer" chaotisch, können nicht mit Geld umgehen, sind ungeduldig), heißt noch lange nicht, dass Sie diese Standards nicht ändern können, wenn Sie sich dazu entscheiden.

Lassen Sie sich das auch bitte nicht einreden. Schon gar nicht von Menschen, die selbst noch nie ernsthaft an ihrer eigenen Persönlichkeit gearbeitet haben.

Nur zu oft ertragen wir geduldig Unannehmlichkeiten, um in unserer Komfortzone zu bleiben, weil wir befürchten, dass es außerhalb unserer Komfortzone noch unangenehmer sein könnte.

In unserem Unterbewusstsein fühlen wir uns im gewohnten Umfeld oder in gewohnten Handlungsabläufen wohler, als wenn wir jedes Mal neue Entscheidungen treffen müssen.

Durchschauen Sie dieses Muster!

Machen Sie Ihre Persönlichkeit und Ihr Leben zum Resultat **Ihrer eigenen** Entscheidungen - und nicht der Entscheidungen und Erwartungen Anderer.

Sie kennen jetzt die Gründe um Ihre Gewohnheiten, wissen, dass man sie verändern kann und wollen sie auch verändern.

Nehmen Sie sich ein Notizbuch zur Hand und schreiben Sie jetzt die Dinge auf, die Sie zu Ihren neuen Standards machen wollen!

Und keine Sorge: es ist vollkommen normal, dass Sie diese Standards im Moment noch nicht alle auf einmal erfüllen können.

Sie können sich dorthin entwickeln!

Sobald Sie diese Dinge einmal als Standard für sich festgelegt haben, werden Sie einen Weg finden, Ihre Standards zu erfüllen und zu halten.

Ihre Standards zu erfüllen, wird ein **Muss** für Sie und ist nicht mehr (wie vielleicht bisher) ein „es wäre schön wenn…“ oder „ich weiss, ich sollte eigentlich…“ oder „ich wäre gerne…“.

Ja, Ihre Standards werden Teil Ihrer Identität und sie werden Ihr Selbstbild ganz entscheidend formen.

Legen Sie sie also ruhig hoch fest und erwarten Sie viel von sich!

Aber (noch einmal, da es so wichtig ist):

Wählen Sie nur Standards, hinter denen Sie selbst wirklich stehen, die Sie aus tiefstem Herzen wirklich leben wollen.

Schritt 2:

Verpflichten Sie sich Ihren neuen Standards ernsthaft!

Dieser Schritt wird oft übergangen, doch er ist immens wichtig für Ihr Ergebnis.

Solange Sie Ihre Standards einfach als ein „Nice to have“ aufschreiben, als Wunschliste, wie Sie gerne wären, sind es noch keine Standards.

Erst wenn Sie sich klar für Ihre neuen Standards entscheiden und **alles** tun, was dafür nötig ist, um sie **immer** zu erfüllen, werden sie wirklich zu Ihren gelebten Prinzipien und formen so letztlich Ihren Charakter und Ihr Leben.

Sie sind – um den amerikanischen Begriff Game Changer noch einmal aufzunehmen – der grundsätzliche Schalter, um Ihr Leben neu zu steuern.

Die Schwierigkeit dabei, uns zu einem neuen Menschen zu entwickeln, sind unsere alten Gewohnheiten, die tief in uns und unserem Unterbewusstsein verankert sind, und die uns in unserer Komfortzone und unseren gewohnten Bahnen verharren lassen.

Doch denken Sie daran: Wer etwas wirklich will, der findet Wege, wer etwas nicht will, findet Ausreden! Die Entscheidung liegt immer bei Ihnen.

Und ja, nicht nur unser Leben, sondern auch unser Charakter ist veränderbar! Wir können ihn formen!

Nicht innerhalb von fünf Minuten, sondern in vielen kleinen Schritten in Form von neuen Gewohnheiten.

Steter Tropfen höhlt den Stein. Und wir können es bewusst tun.

Es gibt kaum etwas Kraftvolleres, als selbst dafür zu sorgen, dass wir uns zu **dem** Menschen entwickeln, der wir sein wollen.

Auch wenn wir dafür neue Dinge lernen, neue Fähigkeiten entwickeln, uns Vorbilder suchen und aktiv werden müssen, anstatt andere Menschen nur dafür zu bewundern und uns einzureden, dass wir niemals so sein könnten…

Schritt 3:

Schritt 3 ist deshalb die direkte Folge Ihrer Entscheidung aus Schritt 2:

Sorgen Sie **aktiv** dafür, Ihre neuen Standards zu erfüllen. Und zwar **immer**!

Machen Sie das Erfüllen Ihrer eigenen Standards zu Ihrer ersten Priorität, zu einem **Muss**, von dem Sie sich durch nichts und niemanden abhalten lassen.

Dadurch werden Ihre Standards zu festen Prinzipien und somit auch zu Orientierungspunkten in Ihrem Handeln, die Ihnen Kraft geben. Zu Etwas, das Sie durch das Leben führt und nach dem Sie sich richten können, ganz egal, was in Ihrem äußeren Leben geschieht.

Ganz nebenbei werden Sie mit dieser Strategie übrigens auch von Ängsten und Unsicherheiten befreit, die dadurch entstanden sind, dass Sie sich dem Leben oder anderen Menschen (bewusst oder unbewusst) ausgeliefert fühlen oder gefühlt haben.

Für unsere neuen Standards aktiv zu werden und sie ernst zu nehmen, ist deshalb so wichtig für unser Selbstbewusstsein, weil sich unser Selbstvertrauen dadurch aufbaut, dass wir unsere Standards nicht nur kennen, sondern auch **erfüllen**.

Wir beweisen uns dadurch, dass wir unsere eigenen Ziele erreichen können und das umsetzen können, was wir uns vornehmen.

Dass wir also in der Lage sind, unser Leben selbst zu steuern, egal, wie die Umstände sind, und dass wir uns nicht von ihnen steuern lassen.

Das funktioniert natürlich nur, wenn Sie Ihre Standards immer und nicht nur in günstigen Umständen erfüllen.

Sie werden sehen, je öfter Sie das tun, desto rasanter wachsen Ihr Selbstvertrauen, Ihr Selbstbewusstsein und auch Ihr Selbstwertgefühl, denn Sie erleben sich selbst dann als jemanden, der positiv, konstruktiv und wertegeleitet mit dem Leben umgeht.

Und es gibt keinen Menschen, der einen solchen Umgang mit dem Leben bei sich selbst und anderen nicht wertschätzen würde.

Jedes Mal, wenn Sie Ihre eigenen Standards erfüllen, sammeln Sie also einen neuen Beweis dafür, dass **Sie** Ihr Leben steuern und dass Sie selbstbestimmt und konstruktiv mit dem Leben umgehen.

Sie bilden dadurch schon bald neue Glaubenssätze über sich selbst, Ihre Fähigkeiten und Ihren Wert (zum Beispiel für Ihre Firma, Ihren Partner, Ihre Familie, die Gesellschaft etc.) aus.

Und diese Glaubenssätze formen Ihr Selbstbild.

Wenn Sie diese Strategie anwenden, seien Sie deshalb wirklich konsequent.

Machen Sie keine halben Sachen, sondern treffen Sie eine ernsthafte Entscheidung und überlegen Sie sich vorher gut, welche Standards Sie **wirklich** erfüllen wollen.

Und dann setzen Sie Ihre Prioritäten neu und starten Sie durch zu Ihrer neuen Identität!

Und nun zur praktischen Umsetzung:

Sie haben sich Ihre Standards aufgeschrieben. Nehmen Sie sich nun noch einmal etwas Zeit, um sie sich genauer anzusehen und sie zu prüfen.

Fragen Sie sich bei jedem Standard:

- Ist das wirklich etwas, das Sie stolz macht?
- Ist das etwas, das Sie wirklich immer erfüllen wollen?
- Inwiefern ändert das Ihre Wertvorstellung?
- Gibt es vielleicht noch andere Dinge, die Sie an anderen Menschen bewundern und die Sie zu Ihren eigenen Standards machen wollen? (zum Beispiel , Ihren ökologischen Fussabdruck zu verkleinern, weniger Fleisch zu essen, sich für den Frieden einzusetzen, mehr Freundlichkeit zu schenken, mehr auf andere Menschen zuzugehen und und und...)

Auch wenn Sie im Moment noch nicht genau wissen, wie Sie sie erfüllen können: wenn Sie sich einmal ernsthaft dafür entscheiden, werden Sie einen Weg finden.

Legen Sie insgesamt etwa zehn Standards fest (mehr sollten es zu Beginn nicht sein), und entscheiden Sie sich für sie.

Wenn es viel Energie, Zeit und Aufmerksamkeit erfordert, Ihre neuen Standards zu leben, dann können Sie sich natürlich auch weniger Standards setzen. Sie wissen selbst am besten, wieviele Standards Sie in Ihrem Leben und

Alltag realistisch einführen und auch leben können. Passen Sie also die Anzahl der Standards auf Ihre Situation und Ihre persönliche Wahl an Standards an.

Sehen Sie sich in den kommenden Tagen die Liste mit Ihren zehn (oder weniger) neuen Standards am besten täglich einmal kurz an.

Damit Sie es nicht vergessen, tun Sie das in Form einer kleinen neuen Gewohnheit einfach immer zur gleichen Zeit, zum Beispiel gleich morgens nach dem Aufwachen.

Ein kurzer Blick darauf genügt, um sich Ihre Standards in Erinnerung zu rufen, bis Sie sie vollkommen verinnerlicht haben und automatisch danach handeln.

Und dann erfüllen Sie sie zu jeder Zeit. Machen Sie das Erfüllen Ihrer neuen Standards zu einer Gewohnheit. Leben Sie Ihre Standards!

Wenn Sie mögen, können Sie sich abends zur zusätzlichen Stärkung Ihres Selbstbewusstseins drei Situationen aufschreiben, in denen Sie an diesem Tag Ihre neuen Standards erfüllt haben.

Und wenn Sie sie einmal in einer wirklich schwierigen Situation gehalten haben, dann belohnen Sie sich ruhig mit einem kleinen Geschenk dafür.

Ich kann Ihnen nur ans Herz legen:

Wenden Sie diese oft stark unterschätzte und kaum angewandte, jedoch ausgesprochen machtvolle Strategie der eigenen Standards an!

Erfinden Sie sich noch einmal ganz neu und revolutionieren Sie dadurch Ihr Leben!

Nicht wenn wir von Anderen oder vom Leben Dinge fordern, und uns möglichst viel vom Leben (oder anderen Menschen) nehmen (können), wachsen unser Selbstvertrauen, unser Selbstwertgefühl, unser Gefühl der inneren Stärke und Zufriedenheit.

Sondern wenn wir uns selbst als unabhängig und selbstbestimmt erleben. Als einen Menschen, der sich selbst steuern und frei entscheiden kann, wie er mit Situationen und Menschen umgeht.

Der in der Lage ist, mit dem Leben so umzugehen, dass er sich selbst und Andere glücklich machen kann, wenn er es möchte.

Diese Kunst zu beherrschen ist die wahre Quelle eines starken Selbstbewusstseins und tiefer Zufriedenheit.

Werden Sie der Schöpfer Ihres Lebens und Ihres Glücks und lernen Sie, anderen Menschen Glück zu schenken! Dann müssen Sie sich auch über Ihr Selbstbewusstsein nie wieder Gedanken machen...

Ich möchte Sie dazu ermutigen, weil ich weiß, wie unerwartet großartig das Leben werden kann durch eine gesunde Beziehung zu uns selbst.

Und dass **alles** in unserem Leben genau an diesem Punkt – bei unserer Beziehung zu uns selbst – beginnt.

Leben Sie nicht länger unter Ihren Möglichkeiten, sondern entdecken und entfesseln Sie Ihre wahre Größe, setzen Sie sie mutig und proaktiv ein, um für sich und andere Menschen Wertvolles zu erschaffen und beginnen Sie, Ihr Leben wirklich zu leben!

Sie sind viel größer als Sie denken!

Unsere tiefste Angst ist nicht, dass wir unzulänglich sind.
Unsere tiefste Angst ist, dass wir unermesslich machtvoll sind.
Es ist unser Licht, das wir fürchten, nicht unsere Dunkelheit.

Wir fragen uns:
Wer bin ich eigentlich, dass ich leuchtend, hinreißend, talentiert und fantastisch sein darf?
Wer bist du denn, es nicht zu sein?
Du bist ein Kind Gottes.

Dich selbst klein zu halten, dient der Welt nicht.
Es hat nichts mit Erleuchtung zu tun, wenn du dich kleiner machst,
damit andere um dich herum sich nicht verunsichert fühlen.

Wir sollen alle strahlen wie die Kinder.
Wir wurden geboren, um die Herrlichkeit Gottes zu verwirklichen, die in uns ist.
Sie ist nicht nur in einigen von uns; sie ist in jedem Einzelnen.

Und wenn wir unser eigenes Licht erstrahlen lassen,
geben wir unbewusst anderen Menschen die Erlaubnis, dasselbe zu tun.
Wenn wir uns von unserer eigenen Angst befreit haben,
befreit unsere Gegenwart andere ganz von selbst

Marianne Williamson

(zitiert von Nelson Mandela in seiner Antrittsrede)

TEIL V
DAS 30 TAGE PRAXIS PROGRAMM:
Verändern Sie in 30 Tagen Ihr Leben!

Bestimmt haben Sie neben den fünf Lebensbereichen, für die ich Ihnen im vorletzten Kapitel Erfolgsgewohnheiten vorgestellt habe, noch andere Ziele und Wünsche.

Individuelle Ziele und Träume, die Sie verwirklichen möchten. Wenn Sie das letzte Kapitel ernsthaft durchgearbeitet haben, sind Ihnen diese sicher auch schon sehr bewusst geworden.

Vielleicht haben Sie sich auch schon oft zu Beginn eines neuen Jahres vorgenommen, ein Ziel im kommenden Jahr endlich zu erreichen, haben mit Hilfe Ihrer Willenskraft eine große Kraftanstrengung vollbracht und sich für einige Zeit für Ihr Ziel engagiert, aber dabei vergessen, Ihre Motivation zu stärken und Ihre Gewohnheiten zu ändern, und sind so, als Ihre Willenskraft nachließ, wieder in den alten Trott verfallen.

Man nimmt an, dass über 90 Prozent aller Neujahrsvorsätze bereits vor dem 15. Januar wieder fallen gelassen werden.

Natürlich gilt das auch für Ziele und Vorhaben, die wir uns während des Jahres setzen.

Machen Sie nicht den gleichen Fehler!

Gehen Sie ab sofort den Weg, der wirklich funktioniert:

Den Weg der **Motivation** („Pull-Power"), der ***MUSS-Ziele***, die mit starken Emotionen aufgeladen sind und der **Erfolgsrituale**, die Sie langsam, aber sicher zu Ihrem Ziel führen, ohne Mühe und Anstrengung. Ja, sogar (fast) ohne Disziplin.

Im Folgenden werden wir nun gemeinsam den wichtigsten Schritt machen:

Und zwar den entscheidenden Schritt in die Praxis, bei dem wir Ihr neues Wissen auch ganz konkret in **Ihrem** Leben und für **Ihre** ganz persönlichen Ziele anwenden.

Ich empfehle Ihnen für die Praxis zwei Methoden als Alternative, aus denen Sie diejenige auswählen können, die Ihnen mehr zusagt.

Methode 1: Mit neuen Erfolgsgewohnheiten zum Ziel

Sie können entweder den im Folgenden beschriebenen 8 Schritte Plan (für 30 Tage) genauso wie beschrieben umsetzen.

Methode 2: Mit neuen Standards das eigene Leben revolutionieren

Oder Sie können den im Folgenden beschriebenen 30 Tage Plan etwas variiert umsetzen:

Fangen Sie an mit den Schritten 1-2.

Ersetzen Sie dann die Schritte 3-5 durch die Strategie der neuen Standards, wie im letzten Kapitel beschrieben.

Und dann gehen Sie die Schritte 6-8 aus dem folgenden 30 Tage Plan.

Beide Methoden werden Ihr Leben verändern, wenn Sie sie ernsthaft umsetzen und daran bleiben.

Wählen Sie einfach die Methode für sich aus, die Ihnen mehr zusagt.

Gehen Sie die folgenden 8 Schritte, um in den nächsten 30 Tagen Ihr Leben zu verändern

Schritt 1:

Schreiben Sie Ihre Ziele für das neue Jahr oder für die nächsten 12 Monate auf.

Wenn Sie eine Gewohnheit ändern oder eine schlechte Gewohnheit ablegen möchten, dann ist genau das Ihr Ziel.

Schritt 2:

Machen Sie Ihre Ziele zu einem **Muss** und bauen Sie Ihre Motivation auf, indem Sie zu jedem Ziel mindestens 8 Gründe aufschreiben, warum Sie es erreichen **müssen**.

Schritt 3:

Schreiben Sie Gewohnheiten (im Denken und Handeln) auf, die die Menschen haben, die in Ihrem gewünschten Bereich erfolgreich sind.

Studieren Sie diese Menschen gründlich.

Lesen Sie dafür zum Beispiel Biographien, sehen Sie sich im Internet oder TV Interviews mit ihnen an, oder beobachten Sie sie im Alltag oder sprechen persönlich mit ihnen.

Was tun diese Menschen regelmäßig?

Und was tun sie nicht?

Was tun sie **statt** der schlechten Gewohnheit, von der Sie sich trennen wollen?

Wie erfüllen sie sich Bedürfnisse, die Sie sich womöglich mit Ihrer schlechten Gewohnheit zu erfüllen versuchen? Gibt es dafür andere Wege?

Wie denken diese Menschen?

Wie sehen sie die Welt, andere Menschen, ihre Ziele und ihre Probleme?

Falls Sie eine Gewohnheit in Ihrem Denken verändern wollen und keine Vorbilder in diesem Bereich haben oder finden, so lesen Sie ein gutes Buch zum Thema, das Ihnen das zugrunde liegende Erfolgsdenkmuster in Ihrem gewünschten Bereich vermittelt.

Schritt 4:

Wählen Sie die 5-10 Erfolgsgewohnheiten Ihrer Vorbilder (oder aus den Büchern, die Sie gelesen haben) aus, die den größten Unterschied auch in **Ihrem** Leben herbeiführen würden.

Die Dinge, von denen Sie glauben, dass sie Sie bei regelmäßiger Wiederholung am schnellsten zu Ihren persönlichen Zielen führen werden.

Schritt 5:

Überlegen Sie, wie Sie diese 5-10 Gewohnheiten in Ihren Alltag einbauen können und verknüpfen Sie Ihre neuen Gewohnheiten mit alten bestehenden Gewohnheiten, die bereits fest in Ihrem Alltag verankert sind.

Das kann das Zähneputzen, der Weg zur Arbeit oder ähnliches sein.

Beachten Sie auch die drei Grundsätze für das Einführen von neuen Denkgewohnheiten.

Wenn Sie eine schlechte Gewohnheit ablegen möchten, dann ersetzen Sie sie durch eine neue, positive Gewohnheit, also eine Erfolgsgewohnheit.

Schritt 6:

Setzen Sie 30 Tage lang Ihre neuen Gewohnheiten um!

Schritt 7:

Gehen Sie nach den ersten 30 Tagen die Liste mit Ihren Zielen durch und werten Sie Ihre Erfolge aus. Was hat sich in Ihrem Leben in den letzten 30 Tagen verändert?

Was hat sich in Ihnen, Ihrem Denken, Ihrem Lebensgefühl und Ihrer Weltanschauung verändert?

Und was hat sich in Ihrem äußeren Leben, auch für Andere erkennbar, in den letzten 30 Tagen zum Positiven gewandelt?

Schreiben Sie all Ihre Erfolge auf!

Schritt 8:

Feiern Sie Ihre Erfolge!!!

Denn damit machen Sie sich nicht nur selbst eine Freude, zeigen sich Wertschätzung für Ihre Mühe und bringen mehr Genuss in Ihr Leben.

Sie richten Ihre Aufmerksamkeit durch das Feiern von Erfolgen auch verstärkt auf Ihre Erfolge. Das verändert Ihr Selbstbild positiv und lässt Ihr Selbstvertrauen wachsen. Denn Sie nehmen sich selbst dann verstärkt als erfolgreich wahr.

Und nicht zuletzt stärkt das Feiern von Erfolgen auch unsere Motivation, weitere Erfolge in unserem Leben anzustreben. Denn nicht nur Kinder, sondern auch wir Erwachsene, fühlen uns durch Belohnung stark zum Handeln motiviert.

Feiern Sie also Ihre Erfolge, wann immer Sie etwas erreicht haben, auf das Sie stolz sein können!

Und machen Sie anschließend mit Ihren neuen Gewohnheiten weiter!

Überprüfen Sie in den kommenden 12 Monaten alle 30 Tage am gleichen Tag des Monats Ihre Fortschritte.

Tragen Sie sich für diese Fortschrittskontrolle schon jetzt einen kleinen Termin in Ihren Kalender ein.

Dadurch werten Sie nicht nur Ihre Erfolge aus und bemerken, wie Sie Ihrem Ziel immer näherkommen.

Sondern Sie erinnern sich zu diesem festen Termin auch immer wieder neu an Ihre neuen Gewohnheiten und frischen sie auf, falls Sie doch einmal eine Ihrer neuen Gewohnheiten schleifen lassen sollten.

Schlusswort

Ich hoffe, dieser Ratgeber hat Ihnen gefallen und wird auch Ihnen helfen, Ihre Gewohnheiten zu ändern, Ihre schlechten Gewohnheiten ein für alle Mal abzulegen, neue Erfolgsgewohnheiten anzunehmen und sie auch dauerhaft beizubehalten – und damit Ihr Leben von Grund auf zu verbessern.

Jetzt müssen Sie jedoch aktiv werden und das Wissen aus diesem Buch auch wirklich umsetzen.

Und genau daran scheitern die meisten Menschen.

Veränderung entsteht jedoch nicht durch neues Wissen, sondern nur durch **angewandtes** Wissen.

Es spielt keine Rolle, wieviel Sie **wissen**, entscheidend ist, was Sie **tun**.

Gehen Sie deshalb **heute** den entscheidenden Schritt in die Praxis, damit das Wissen aus diesem Buch seine ganze Wirkung entfalten und **Sie** und **Ihr** Leben wirklich verändern kann.

Aktivieren Sie Ihren persönlichen Game Changer und nutzen Sie die Macht der Gewohnheiten, um sich das Leben Ihrer Träume aufzubauen!

Die **richtigen** Gewohnheiten zu haben ist die wirksamste und zugleich die wohl einfachste Art, Ihr Leben zu revolutionieren.

Ich wünsche Ihnen den Erfolg, den Sie längst verdienen!

Und ich wünsche Ihnen darüber hinaus das Glück, Ihre Erfolge in vollen Zügen genießen zu können.

Vielleicht treffe ich Sie ja bald in einem meiner anderen Ratgeber wieder. Ich würde mich freuen!

Bis bald,
Ihre Cosima Sieger

P.S. Wenn Ihnen dieses Buch gefallen hat und Sie auch in Zukunft von mir lesen möchten, sind Sie herzlich eingeladen, mich bei Facebook und Instagram zu besuchen und sich auch in meinen Leser-Newsletter einzutragen.

Dort erhalten Sie kostenlose Leseproben und hin und wieder auch ein kleines Geschenk von mir.

Mein Newsletter ist kein gewöhnlicher Newsletter wie Sie ihn kennen. Lassen Sie sich überraschen! Hier können Sie sich in einer Minute eintragen:

www.cosima-sieger.de/cosimas-newsletter

Und noch eine kleine Überraschung...

Als Leser(in) dieses Buches möchte ich Ihnen zum Abschluss ein Geschenk machen, um Ihnen dabei zu helfen, Ihr Leben noch einfacher, wirksamer und vor allem angenehmer in die Richtung zu entwickeln, die Sie sich wünschen, Ihre ganz persönlichen Erfolge zu erzielen und echte Erfüllung zu finden.

Es soll Sie darin unterstützen, stark, gelassen und glücklich zu werden und ganz in die Kraft und die Liebe zu kommen!

Ich habe mich entschieden, Ihnen die vollständige ausführliche Basislektion sowie die erste Lektion aus meiner Online-Akademie zu schenken, inklusive Übungen, Anleitung und Praxisteil zum selbst umsetzen.

Sie werden darin das Geheimnis der hochwirksamen Persönlichkeitsentwicklung entdecken und eine Anleitung erhalten, wie Sie ein felsenfestes Selbstvertrauen und innere Stärke aufbauen und endlich ganz an sich selbst glauben.

Und Sie erfahren, warum Ihr Schicksal auch das Resultat Ihrer Persönlichkeit ist und wie Sie Ihre Persönlichkeit und damit auch Ihr Leben gezielt und mit System entwickeln und in jede Richtung verändern können, die Sie sich wünschen.

Dieses Wissen gebe ich übrigens nicht in meinen Büchern Preis. Es ist nur den Studenten meiner Akademie vorbehalten...

Seien Sie also gespannt und lassen Sie sich inspirieren!

Geben Sie einfach die folgende URL in Ihren Browser ein und Sie finden dort die beiden Lektionen kostenlos und ungekürzt als PDF:

https://bit.ly/2CNELNK

Mein Herzenstipp für Sie lautet:

Setzen Sie auch die Übungen in den Lektionen um, denn Sie wissen ja: Nur angewandtes Wissen ist Macht ☺

Wenn Sie **dieses** Wissen jedoch wirklich umsetzen, dann werden Sie Ihr Leben in einem Quantensprung nach vorne bringen in Richtung Kraft, Gelassenheit, Lebensfreude und Liebe!

Viel Freude mit meinem Geschenk! Gönnen Sie sich ein großartiges Leben!

Ihre Cosima Sieger

Cosima Siegers beliebteste Bücher

Dieses seit Jahren beliebteste Buch der Autorin ist für Menschen, die ihre Herzenswünsche leben wollen!

Sie erhalten eine hochwirksame Anleitung, wie Sie innere Blockaden auflösen und mit dem Gesetz der Anziehung Ihre Wünsche Wirklichkeit werden lassen.

Dieses Buch ist ein Praxisprogramm für Menschen, die von Ängsten geplagt sind. Sie können etwas dagegen tun!

Sie erhalten eine erprobte Anleitung, wie Sie in 5 Schritten Ihre Ängste besiegen und endlich frei werden können.

Dieses Buch ist der ideale Leitfaden für Sie, wenn es Ihnen schwerfällt, dem Leben zu vertrauen und Sie oft unruhig sind oder sich Sorgen machen.

Sie lernen, wie Sie in 6 Schritten Ihr Urvertrauen aufbauen und so Geborgenheit und Halt im Leben finden.

Dieses Buch ist die Lösung für Menschen, denen es schwerfällt, andere Menschen, Dinge, Gedanken oder auch Erinnerungen loszulassen.

Sie erfahren, wie Loslassen in 5 praktischen Schritten plötzlich ganz einfach wird und Sie glücklich neu starten!

Dieses Buch ist die ideale Erweiterung zu den anderen Selbstliebe Büchern der Autorin für Menschen, die noch intensiver in das Thema einsteigen wollen.

Sie unternehmen unter anderem eine Reise zu Ihrem inneren Kind, erleben eine unvergessliche Fantasiereise in die Welt des Geliebt-Seins und lernen, wie Sie Ihre inneren Gefäße füllen und Ihr Herz für die Liebe öffnen.

Dieses Buch ist für Menschen, denen es schwerfällt, an sich zu glauben und die oft an sich zweifeln.

Sie erhalten ein hochwirksames 30 Tage Programm, mit dem Sie Ihre innere Kraft entdecken und beginnen, endlich ganz an sich zu glauben!

Dieses Buch richtet sich an Menschen, denen es schwerfällt, gelassen durchs Leben zu gehen.

Sie ermitteln Ihre persönlichen Gründe, warum Sie so schwer gelassen bleiben können und erhalten praktische Übungen, mit denen Sie direkt an **Ihrer** Ursache ansetzen und Ihre Gelassenheit wiederfinden können.

Dieses Buch ist für Sie, wenn Sie lernen wollen, mehr im Hier und Jetzt zu sein und den Moment wirklich wahrzunehmen und wieder mehr zu genießen.

Sie finden hier wunderschöne tägliche Übungen der Autorin, die Sie in die Achtsamkeit zurückbringen und Sie wieder mit dem Leben verbinden.

Holen Sie sich jetzt **Ihre** persönlichen Lieblingsbücher von Cosima Sieger und lassen Sie sich von der beliebten Autorin für persönliche Weiterentwicklung auf Ihrem Wachstumsweg begleiten!

Sie finden ihre Bücher bei Amazon und bei anderen Buchhändlern.

Möchten Sie tiefergehende Begleitung von Cosima Sieger auf Ihrem persönlichen Wachstumsweg?

I - Der gründliche Weg: die Akademie

In der Cosima Sieger Akademie werden Sie zwei Jahre lang mit wöchentlichen Lektionen und Übungen von Cosima Sieger auf Ihrem Weg begleitet. Sie erfahren unter anderem, wie Sie Ihren Lebenssinn finden und leben. Wie viele andere begeisterte Teilnehmer erhalten Sie hochwirksames und zum Teil noch unbekanntes Wissen zum Thema persönliche Weiterentwicklung - jeden Freitag direkt in Ihr E-Mail-Postfach.

II - Der schnelle Weg: die Kurse

Wenn Sie schnelle Veränderungen und Erfolge in einem bestimmten Lebensbereich haben möchten, können Sie auch dem erfolgreichen Weg vieler faszinierter Teilnehmer folgen und mit den Cosima Sieger Kursen zum Selbststudium arbeiten.

Mehr erfahren Sie auf den folgenden Seiten.

I - Die Cosima Sieger Akademie

<u>Zwei Jahre lang Begleitung auf Ihrem Lebensweg</u>

Mit wöchentlichen Anleitungen und Übungen von Cosima Sieger für Ihr erfolgreiches persönliches Wachstum!

<u>Die beliebte Akademie ist perfekt für Sie, wenn Sie:</u>

- Alte Muster, Ängste und Blockaden dauerhaft auflösen und Ihr Denken verändern wollen.
- Stark, gelassen und glücklich werden und **Ihren** Lebenssinn finden und leben wollen.
- Sich Begleitung und Anleitung auf Ihrem Weg zu einem tief erfüllten, sinnhaften Leben wünschen.

„Ein neues Leben beginnt mit neuen Gedanken!"

Cosima Sieger

Teilnehmer sagen:

„Es lohnt sich!"

„Ich habe durch das Studium Ziele erreicht, die mir vor 12 Monaten noch unerreichbar vorkamen!"

„Mein Leben hat sich stark verbessert und ich kann es immer kaum abwarten, bis wieder Freitag ist und ich die nächste Lektion bekomme und bearbeiten kann."

„Ich bin restlos begeistert von der Akademie!"

Wenn Sie mögen, finden Sie heraus, ob diese Akademie auch für Sie und Ihren persönlichen Lebensweg die richtige Begleitung ist!

Sie finden die Cosima Sieger Akademie unter dem folgenden link:

www.cosima-sieger.de/cosimas-akademie

II - Die Cosima Sieger Kurse

<u>Wenn Sie schnelle Erfolge in einem bestimmten Lebensbereich haben möchten</u>

Innere Blockaden lösen, Bedürfnisse erfüllen, Selbstwertgefühl stärken, Selbstvertrauen aufbauen...

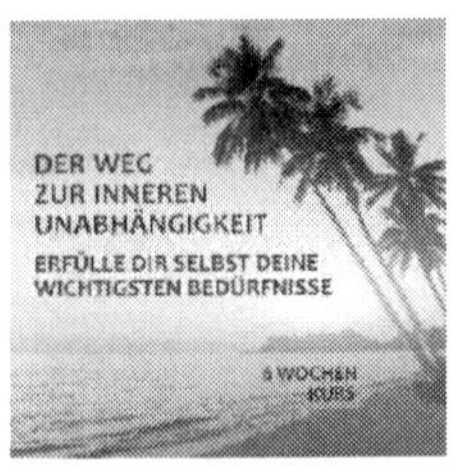

Teilnehmer sagen:

„Es ist ein tolles Gefühl, wenn ich merke, dass ich weiterkomme!"

„Seit ich mit dem Kurs angefangen habe, hat sich so vieles zum Positiven verändert, dass ich überhaupt nicht weiß, wo ich anfangen soll..."

„Mein Leben ist auf einmal einfach wundervoll."

Entdecken Sie hier, wie einfach die Kurse funktionieren und warum sie der Durchbruch in Ihrer persönlichen Entwicklung sein können:

www.cosima-sieger.de/kurse

„Alles beginnt mit einer Entscheidung!"

Cosima Sieger

Anhang, Haftungsausschluss und Copyright

Was denken Sie?

Wenn Ihnen mein Ratgeber gefallen hat, freue ich mich sehr, wenn Sie mir eine Rezension bei Amazon hinterlassen. Eine kurze Bewertung gibt mir meine Motivation, um weitere Ratgeber für diese Reihe zu schreiben und auch das Wissen, wie ich sie so gestalten kann, dass ich Ihnen damit am besten helfe.

Selbstverständlich ist sowohl positives, als auch negatives Feedback willkommen. Mit beidem kann ich meine Bücher kontinuierlich für meine Leser verbessern, und das ist mir sehr wichtig. Über positives Feedback freue ich mich aber natürlich ganz besonders.

Schenken Sie mir also doch jetzt noch 2 Minuten Ihrer Zeit und schreiben Sie mit ein oder zwei Zeilen jetzt gleich noch eine kurze Bewertung zu diesem Buch.

Von Herzen danke für Ihre Unterstützung!

Ihre Cosima Sieger

Haftungsausschluss, Impressum & Eigentumsrechte

Wir sind bemüht, alle Angaben und Informationen in diesem Buch korrekt und aktuell zu halten. Trotzdem können Fehler und Unklarheiten leider nie vollkommen ausgeschlossen werden. Daher übernehmen wir keine Gewähr für die Richtigkeit, Aktualität, Qualität und Vollständigkeit der vorliegenden Texte und Informationen.

Für Schäden, die durch die Nutzung der bereitgestellten Informationen mittelbar oder unmittelbar entstehen, haften wir nicht, solange uns nicht grob fahrlässiges oder vorsätzliches Verschulden nachgewiesen werden kann. Für Hinweise auf eventuelle Fehler oder Unklarheiten sind wir Ihnen dankbar.

Impressum:

Die Autorin Cosima Sieger wird vertreten durch:

Miriam Al-Kebbeh
Arndtstrasse 25
60325 Frankfurt am Main
E-Mail: freizeitgewinnen@gmail.com

Alle etwaigen in diesem Buch genannten Markennamen und Warenzeichen sind Eigentum der rechtmäßigen Eigentümer. Sie dienen hier nur zur Beschreibung der jeweiligen Firmen, Produkte oder Dienstleistungen.

Printed in Poland
by Amazon Fulfillment
Poland Sp. z o.o., Wrocław

94246410R00073